Simone Böttcher

Reiki Visualisierungsreisen

Anleitungsbuch zum Vorlesen & Entspannen

© 2020 Simone Böttcher

Verlag und Druck:
tredition GmbH, Halenreie 40-44, 22359 Hamburg

ISBN
Paperback: 978-3-347-17902-8
Hardcover: 978-3-347-17903-5
e-Book: 978-3-347-17904-2

Ich widme dieses Buch all den Menschen, die sich für Reiki & Entspannung im Leben entschieden haben. Sei es nur für sich selbst oder im Zuge der beruflichen Anwendung und Weiterentwicklung.

Vor allem widme ich es all meinen Gruppen-Teilnehmer/innen, die ich all die Jahre begleiten durfte und die mich dazu inspirierten, das hier niederzuschreiben.

Wenn du dieses Buch liest, wirst du feststellen, dass ich die männliche Anrede benutze. Ich hoffe auf das Verständnis der weiblichen Leser, da es sich so einfacher schreiben lässt.

Einleitung

Im Jahre 1992 ließ ich mich, in den ersten Reiki Grad, nach dem Mikao-Usui-System, einweihen. Ich bemerkte schnell, dass diese Energie mir sehr guttat. Zudem bekam ich aus meinem Umfeld immer wieder positives Feedback, was ich darauf zurückführte, das Reiki nicht ganz unbeteiligt daran gewesen ist. Ich beschäftigte mich intensiver, mit dem Reiki Wissen, und ließ mich zwölf Monate später in den Zweiten Reiki Grad ausbilden. Ein weiteres Jahr später stand die Ausbildung zum nächsthöheren Reikimeister-Grad nichts im Wege. »Das wäre es doch«, dachte ich, mehr muss ich nicht haben und schon gar nicht Reiki-Lehrer werden.

Es sollte anders kommen. Reikilehrer? Ich fing an zu zweifeln und Fragen kreisten in meinem Kopf, wie: »Um Gottes Willen. Das mach ich nicht, das kann ich nicht, ich müsste dann ja auch andere Reiki Interessierte in Reiki ausbilden«. Ich dachte: »Wie soll ich das Hinbekommen?« Die Reikilehrerin, die mich in allen Graden ausbildete, war da anderer Meinung. Heute kann ich sagen, sie hatte Recht. Ich möchte nichts davon missen. Rückblickend haben auch andere dazu beigetragen, dass ich die Reikilehrer-Ausbildung absolvierte.

Wir zogen als Familie aus Berlin ins brandenburger Umland. Ich fand schnell eine Arbeit in einem hier ansässigen Esoterikladen. Ein Traum wurde für mich wahr. Zwei Monate später, sollte der Laden geschlossen werden, da die Ladenbesitzer ihn aufgeben wollten, um wieder in den Norden von Deutschland zu ziehen. Das sprach sich schnell unter den Kunden herum. Viele Kunden redeten auf mich ein, den Laden zu übernehmen. Ich hatte keine Ahnung von Selbstständigkeit, aber der Reiz, es zu wagen, wurde in mir geweckt. So entschloss ich mich dazu, alles zu erlernen, was ich dazu bräuchte. Ich war sicher, es wird alles einen Sinn haben. Seit Jahren träumte ich davon, einmal einen Esoterikladen zu besitzen. »Hups, Träume gehen schon mal in Erfüllung.«

Den Laden habe ich tatsächlich übernommen, die Kunden waren zufrieden und glücklich, da sie ihren Tee, ihre Räucherstäbchen, Bücher, Klangschalen oder ihre Dekoartikel hier weiter erwerben konnten. So wurde der

Laden neugestaltet, umdekoriert und die Reiki-Urkunden bekamen einen Platz an der Wand.

In diesem, nun meinem »Spiri-Laden« gab es erst einmal eine Menge zu lernen, wie das Wissen über Teesorten oder grundsätzliche Dinge, die zur Selbstständigkeit gehörten. Das Nächste war die Namensänderung zu »Tee & Licht«, damit auch die Angsthasen und Zweifler sich trauten den Laden zu betreten. Auch wenn diese nicht gleich eine Klangschale oder irgendwelche Schnupper-Räucherstäbchen kaufen, sondern einfach nur ihren Lieblingstee mit nach Hause nehmen wollten.

Die ausgehängten Reiki-Urkunden, blieben nicht unbemerkt von zwei Tee-Stammkunden. Ein älteres Ehepaar, welches beruflich in der Schulmedizin unterwegs war. Sie fragten mich, ob ich sie nicht in den Reikimeister-Grad einweihen, bzw. darin ausbilden kann. Ich verneinte einige Male, aber sie ließen nicht locker. Zeitgleich versuchte meine Lehrerin, mich davon zu überzeugen, dass ich, dass Zeug dazu hätte, selbst Reiki-Lehrerin zu sein. »Das kann doch alles kein Zufall sein«, kam es mir immer wieder in den Sinn. So entschied ich mich, die Ausbildung zur Reikilehrerin zu machen. Danach konzipierte ich Unterlagen für zukünftige eigene Reiki-Seminare. Ich las Bücher und schaute meine eigenen drei Reiki-Ordner an, die ich zu meinen einzelnen Reiki-Graden bekommen habe. Ich wollte alles in einen Reiki-Ordner hineinbringen, was ich für besonders wichtig hielt. So saß ich ein halbes Jahr an der Neubearbeitung der jeweiligen Ordner für die ersten beiden Reiki-Grade.

Als die Zeit reif und die Ordner fertig waren, entschied ich mich, den ersten Reiki-Grad nach dem Usui-System als Ausbildung anzubieten.

Der erste Reiki-Grad bestand aus vier Teilnehmern. Aber wie sich herausstellte, kamen die erwähnten Tee-Stammkunden mittlerweile gar nicht mehr in den Laden, um Tee zu kaufen und zu fragen, wann ich sie ausbilden würde. Nein, sie wurden nicht mehr gesehen. Heute nehme ich es als das, dass sie mir vom Universum geschickt wurden, um mir in den Hintern zu treten, damit ich auf meinem Weg bleibe. Ich nenne sie die Erfüllungshelfer. Bewusst haben die beiden das bestimmt nicht gemacht. Ich habe auf meine innere Stimme gehört, entschieden den Reiki-Lehrer zu absolvieren und mich dem Leben gestellt, andere Reiki-Interessierte darin auszubilden.

In meinem Umfeld sprach es sich herum, dass ich in der Reiki-Methode nach M. Usui ausbildete. So nahmen die Reiki-Ausbildungen ihren Lauf. Zeitgleich waren es die ausgebildeten Reiki-Teilnehmer, die mir zutrauten, neben den Ausbildungen auch eine monatliche Reiki-Gruppe zu eröffnen, um Erlerntes zu festigen, oder weitere Erfahrungen rund um die Reiki-Methode zu erlangen.

Als ich noch in Berlin wohnte, besuchte ich jahrelang eine Meditations- und Reiki-Gruppe, lag dort auf der Matte und ließ mich berieseln von der ruhigen Stimme der Gruppen-Leiterin. Nun sollte ich selbst eine entspannte Stimme sein, damit die Teilnehmer selbst zur Ruhe kommen, um gelassen und voller Energie in den Alltag zurückzukehren. 1999 entstand die erste Reiki-Gruppe, in der wir gemeinsam z.B. Reiki-Übungen als Eigenanwendung, als Partneranwendung und Vieles mehr ausprobierten.

Die Anwendungen wurden ein fester Bestandteil der Reiki-Gruppe. Wir sammelten gemeinsam weitere wunderbare Erfahrungen rund um Reiki und Entspannung.

Die Gruppe wollte begleitet und gefördert werden. Ich las zu dieser Zeit alles an Reikibüchern, was der Markt so hergab. Und ich musste feststellen: Vieles war wirklich gut umsetzbar. Mittlerweile stehen lässig 40 Reikibücher in meiner Bibliothek, und im Laufe der Jahre darf jeder Teilnehmer stolz sein, dass die Reiki-Methode auch eine Möglichkeit ist, um an der persönlichen Weiterentwicklung zu arbeiten. Bücher mit Reiki-Anwendungsmöglichkeiten kann es nie genug geben, da es innerhalb von Reiki-Gruppen sehr hilfreich sein kann, diese Vielfälltigkeit anzuwenden.

Ich habe gerade mal nachgeschaut: Von den 40 Reikibüchern gibt es bei mir 16 Bücher, die vielerlei interessante und gut umsetzbare Reiki-Übungen beinhalten.

Auch wenn Wiederholungen innerhalb der Reiki-Gruppe gut und festigend sein können, ist der Bedarf an weiteren Übungen und Erfahrungen vorhanden.

In den letzten Jahren fiel mir auf, dass sich an unseren Reiki-Abenden sehr oft meine intuitiven Antennen nach oben weiter ausrichten. Wo auch immer dieses »Oben« ist. Innerhalb der Reiki-Gruppe arbeiten wir als erstes immer mit dem Senden von Fernreiki. Dazu gibt es eine schöne

Kiste, worin sich einige Zettel oder Umschläge befinden. Sie stammen von Menschen, die ihre Erlaubnis dazu erteilt haben und gerne eine Zeit lang Fernreiki bekommen möchten. Das Fernreiki zu senden, dauert etwa zehn Minuten. In dieser Zeit genießen wir es als Reiki-Gruppe, etwas für andere Menschen zu tun und uns selbst ebenso nicht zu vergessen. Wie gesagt, meine Antennen sind nach oben ausgerichtet und ich bekomme so einen Zugang in die geistige Welt, ins Universum, oder wie auch immer es jeder nennen mag. So lasse ich mich gerne leiten und sehe innerliche Bilder, wie eine Reiki-Übung oder Visualisierungsreise aussehen könnte. Ich lasse diese Bilder erst einmal auf mich wirken, denn zwischen Reiki senden und dem Bilder empfangen, ist es nicht immer einfach, sich all das zu behalten, um es hinterher mit der Gruppe umzusetzen.

Ich habe es schnell aufgegeben, in der geistigen Welt abzufragen, was diese Übung/Reise mit einem macht oder wozu diese gedacht ist. So musste ich schnell feststellen, dass es am einfachsten ist, diese Bilder in die Tat umzusetzen und zu erfahren, was geschieht.

Zum Glück kann ich sagen, dass mir diese gefestigte Reiki-Gruppe einen großen Vertrauensvorschuss entgegenbringt. Sie lassen sich darauf ein, was ich an Übungsbildern aus der geistigen Welt vermittelt bekomme.

Natürlich habe ich mir vorgenommen, all diese Übungen/Reisen aufzuschreiben. Aber nachdem wir die Übung/Reise durchgeführt haben, und weitere Dinge probiert und miteinander gearbeitet haben, ist die Übung/Reise irgendwie wieder aus meinem Kopf entflogen. Vergessen. Na ja, wir haben sie durchgeführt und sie wirkte dann auf ihre Weise, auch wenn es nicht immer sofort spürbar ist.

Aber jetzt!

Da bekam ich im Dezember 2018, innerhalb der Reiki-Gruppe eine wunderbare Übung/Reise aus der geistigen Welt übermittelt. Ich konnte sie nicht vergessen, so schön war sie für uns in der Gruppe. So entschied ich, dass ich diese Übungen als Visualisierungsreisen aufschreiben werde. Ich fragte mich dann, ob diese auch für andere Gruppen interessant sein könnten? Ideen wollen gelebt werden, also entschied ich mich dazu, sie hier niederzuschreiben, damit Interessierte ebenso schöne

Erfahrungen damit machen können. Es kann nicht genug Bücher geben, da alles sich weiter entwickelt, so auch die Methoden, Übungen, Visualisierungsreisen usw. Ich versuche mit diesem Buch einfach, die Reiki-Visualisierungsreisen und Übungen so nah wie möglich am Alltag zu belassen. Ich finde, je einfacher etwas zu integrieren ist, umso schneller verfestigt es sich, dies immer öffter zu tun.

Was ist Reiki?

Jetzt bist du hier als Leser bestimmt schon gut unterwegs, was das Reikiwissen betrifft und denkst wahrscheinlich, ebenso, wie ich oft schon gedacht habe. »Ich weiß doch was Reiki ist, wo es herkommt und was alles damit möglich ist.« Aber nichtsdestotrotz: Was ist, wenn jemand doch zu diesem Buch greift, und es wäre das erste in seinen Händen, weil die geistige Welt es dem Leser in die Hände gespielt hat? Was kann er damit anfangen? Nicht wirklich viel. So entschied ich, nach meinem Verständnis, es niederzuschreiben, was Reiki ist und wo es herkommt. Ist das Interesse bei einem Leser geweckt, sodass er mehr von Reiki erfahren möchte, sollte er sich aufgefordert fühlen, sich weiteren Autoren zu widmen, die auf dem Gebiet rund um das Wissen von Reiki auch noch so einiges zu erzählen haben.

„Reiki"

Reiki heißt übersetzt und aus dem Japanischen Zeichen abgeleitet: Rei: »Universell«, Ki: »Lebensenergie«. Die Lebensenergie ist z.B. überall in den Menschen, Tieren und Pflanze zu finden. Reiki ist für mich in allererster Linie eine Entspannungstechnik. Es ist aber auch eine Art Handauflegen, wobei Energie durch die Hände des Gebers zu einem Empfänger fließt.

Reiki Ursprung

Anfang des 20. Jahrhunderts hat der Japaner, Mikao Usui viel geforscht und Erkenntnisse, sowie eigene Erfahrungen gesammelt, um diese Methode zu verstehen und zu praktizieren. M. Usui lehrte Menschen die Reiki-Methode, die somit durch viele Schüler weiter angewendet werden konnte. Etwa 1950 gelangte das Reiki-Wissen über den Großen Teich in die westliche Welt. Ende der 80er Jahre öffneten sich die Türen der Reiki-Methode für jeden offenen Menschen. So verbreitete es sich seitdem rasend schnell und es ist nicht von der Hand zu weisen, dass die Reiki-Methode weltweit zur Volksheilkunst Nr. 1 zählt. Mittlerweile begrüßen es auch sehr Viele, dass die Reiki-Methode ihren Einzug in die Schulmedizin hält.

Die Reiki-Grade

Nach dem M. Usui-System sind drei sogenannte »Grade« bekannt. Gelehrt werden diese meist an Wochenendkursen. Um die Reiki-Energie fließen lassen zu können, werden beim Ersten Reiki-Grad (Shoden) vier *Einstimmungen* oder *Einweihungen* am Teilnehmer vorgenommen. Von da an sind die energetischen Kanäle wieder frei, um die Reiki-Energie für sich selbst und andere fließen lassen zu können. Es wird viel interessantes Grundwissen vermittelt, was z.B. die Reiki-Geschichte, die Lebensregeln und auch die praktische Abfolge einer Eigenanwendung und Fremdanwendung bei Menschen, Tieren und Pflanzen beinhaltet.

Der zweite Reiki-Grad (Okuden) beinhaltet das sogenannte Aufbauwissen in Theorie und Praxis. Darin enthalten sind drei Reiki-Symbole, die zu unterschiedlichen Anwendungsmöglichkeiten genutzt werden können. Hier wird es eine weitere Einstimmung oder Einweihung geben, welche die Reiki-Energie in ihrem Fluss verstärken kann.

Der Teilnehmer ist nun zusätzlich befähigt, Fernreiki auszuüben.

Mit dem dritten Reiki-Grad (Shinpiden), dem Meistergrad wird es besonders spannend. Hier geht es um den eigenen Weg zur Meisterschaft. Es wird ein Reiki-Meistersymbol innerhalb der Einstimmung oder Einweihung geben. Hier wird aufbauendes Wissen in Theorie und Praxis vermittelt. Es gab Zeiten, da wurden der Meister-Grad und der Lehrer-Grad zusammen über Monate oder Jahre hinweg gelehrt. Heute wird das oft getrennt ausgebildet, da nicht jeder der Reiki-Meister ist, auch lehren möchte.

Der Reiki-Lehrer Grad ist ein intensives Studium mit viel Grundlagenwissen über alle Reiki-Grade des Usui-Systems und der Technikvermittlung von Einstimmungen oder Einweihungen. Das praktische Üben, der Einweihungen ist ein weiterer Bestandteil der Ausbildung, bis hin zur Seminargestaltung.

Grundsätzlich ist meine Meinung, dass jeder, der sich für den Reikiweg entscheidet, ein Leben lang auch mit dem ersten Reiki-Grad glücklich werden kann. Nicht jeder muss den Weg aller drei Grade gehen. Wenn jemand mit dem Ersten Grad oder auch dem Zweiten Grad glücklich und zufrieden ist, dann ist das völlig in Ordnung. Ich denke, dass alle Grade in sich gut abgeschlossen sind. Jeder sollte für sich selbst eigenverantwortlich entscheiden, wie weit der persönliche Entwicklungsweg mit der Reikimethode gehen darf.

Es gibt mittlerweile die unterschiedlichsten Reiki-Stile auf der ganzen Welt. Daher wird jeder, der sich für den Reikiweg entscheidet, nach dem Resonanzgesetz den richtigen Lehrer anzuziehen und das Wissen bekommen, welches er in diesem Moment braucht. Ist das Wissen nach einiger Zeit nicht mehr ausreichend, werden oft neue Lehrer ins Leben treten und den persönlichen Weg kreuzen. Daher möchte ich nicht sagen, es gibt gute und schlechte Reiki Lehrer oder Stile. Ich bin überzeugt davon, jeder bekommt das, was für den Moment für seine Entwicklung wichtig ist. Entwicklung besteht aus vielen gemachten Erfahrungen, die nicht verloren gehen.

Reiki und seine Wirkung

Die Wirkung der Reikienergie ist sehr vielfältig angelegt. Jeder Reiki-Empfänger nimmt die Reiki-Energie anders wahr, so kann es keine pauschalisierte Wirkung geben. Durch das Anwenden der Reiki-Methode werden die Menschen mit der Zeit ruhiger, toleranter und selbstbewusster. Heilungsprozesse im Körper werden angeregt und Wohlbefinden kann sich auf den Ebenen von Körper, Geist und Seele einstellen. Aber selbst, wenn es keine Wirkung erzielen sollte, ist die Reiki-Methode nicht gleich der größte Mist. Aus meiner Erfahrung heraus, fehlt es dann vielleicht noch an anderen Erkenntnissen oder Erfahrungsschritten im Leben. Im unschönsten Fall soll es vielleicht keine Heilung geben, vom bekannten Krankheitsvorteil mal abgesehen. Es gibt Menschen, die leiden lieber, als gesund zu sein. Auch das darf sein.

Auf jeden Fall kann ich sagen, dass das Reiki mich in all den Jahren, in denen ich es praktiziere, ziemlich verändert hat, weil ich mich darauf eingelassen habe. Das darf eben jeder selbst entscheiden, ob er sich entwickeln, oder eben auf seinem Lebensbahnhof stehen bleiben möchte, um viele Züge nur durchfahren zu lassen, anstatt in einen davon einzusteigen. Und soll es nicht die Reiki-Methode sein, dann vielleicht eine andere Methode, die in der großen weiten Welt auf Einem wartet. Ich vergleiche das gerne mit dem Sport. Es gibt so viele großartige Sportarten, aber es ist nicht für jeden die gleiche Sportart gut. Der eine braucht aktiven Sport und ein anderer entspannten Sport. So ist es auch mit allen Energiemethoden. Jeder wird das finden, was er finden soll. Steht eine Veränderung ins Haus, kommt vielleicht eine neue Methode, die bei dem Menschen Einzug findet. Es ist für Jeden etwas Anderes stimmig, das sollte respektiert werden. Interessierten, denen die Reiki-Methode begegnet, wollen meist auch mehr darüber erfahren. So probieren sie vielleicht eine oder mehrere Reiki-Anwendungen, oder lassen sich in die Reiki-Methode gleich ausbilden.

Reiki & Schulmedizin

Seit Jahren gibt es auch hier in Deutschland einige Kliniken und medizinische Einrichtungen, die unterstützend mit der Reiki-Methode arbeiten und sie in den Gesundungsprozess, mit einfließen lassen. Das ist sehr lobenswert. Manche Länder scheinen mit der Reiki-Methode entspannter umzugehen als hierzulande. Aber sind wir mal optimistisch, dass es der Anfang von etwas Gutem für die Zukunft ist. Ein weiteres Ziel wäre vielleicht noch, dass die Krankenkassen die Reiki-Methode in ihr Programm aufnehmen, diese Empfehlen und finanziell übernehmen. Zum Glück gibt es viele Menschen, die sich dafür schon einsetzen. Ein Dankeschön an sie von hier aus.

So, ich denke, das ist erst einmal ein kurzer Abriss über die Reiki-Methode. Wer sich für die Geschichte und weiteres Reiki-Wissen interessiert, sollte sich, wie schon erwähnt, weiterführende Literatur dazu besorgen. Denn dieses Buch soll seinen Schwerpunkt auf die Inhalte der Reiki-Visualisierungsreisen und -Übungen haben. Ich denke, die meisten Menschen haben Verständnis dafür. Tasten wir uns also an die nächsten Themen heran.

Reiki & Gruppen

Was ist der Vorteil von Reiki-Gruppen? Ganz einfach: Innerhalb einer Gruppe lässt es sich sehr gut mit der Reiki-Energie arbeiten. Stelle dir vor, du hast einen Reiki-Kurs besucht, hast eine Menge Wissen in Theorie und Praxis vermittelt bekommen, vielleicht auch einen Ordner mit dazugehörigen Informationen erhalten. Dein Kopf qualmt und mit der Zeit, vergisst du das Eine oder Andere wieder, bist dir unsicher und fängst an zu zweifeln, ob das, was du in deiner Erinnerung abrufen kannst, auch richtig umsetzt. Die Angst, etwas falsch zu machen, wird größer. Die Unsicherheit macht sich in dir breit. Im ungünstigsten Fall wendest du es gar nicht mehr an.

Daher bin ich froh, dass ich mit meiner monatlichen Reiki-Gruppe, auf viele Jahre und Erfahrungen zurückgreifen kann. Auch wenn nicht jeder Teilnehmer, den ich selbst in den unterschiedlichsten Reiki-Graden ausgebildet habe, zu einer Reiki-Gruppe kommt, höre ich von Praktizierenden oder nicht-Praktizierenden, dass die Zweifel und Unsicherheiten manchmal auftauchen. So bietet eine Reiki-

Gruppe viele Möglichkeiten, diese Unsicherheiten aus dem Weg zu räumen, und entspannt die Reiki-Methode in den Alltag zu integrieren.

Natürlich ist nicht jeder gruppentauglich oder fühlt sich wohl dabei, mit mehreren Menschen innerhalb einer Gruppe zu arbeiten. Dafür gibt es die unterschiedlichsten Gründe. Einige probieren es aus und verlassen eine Gruppe dann wieder, wenn es für sie nichts mehr an Wissen und Erfahrung zu holen gibt. Andere sind ein Leben lang dabei und genießen den Austausch, die Erfahrungen, die Erkenntnisse, und das praktische Anwenden von Reiki. Vieles, was erlebt wird, wird erst zu einem späteren Zeitpunkt seine Wirkung entfalten. Eine Gruppe ist genauso Veränderungen unterlegen, wie die Menschen selbst mit ihren unterschiedlichsten Bedürfnissen.

Eine Gruppe entwickelt immer eine Gruppendynamik, was auch das Arbeiten mit der Reiki-Energie erleichtert. Dazu bedarf es Geduld von beiden Seiten, den Teilnehmern und dem Gruppenleiter. Verfügst du über einen Raum, wo Teilnehmer Platz finden, dann sorge für eine angenehme Raumatmosphäre mit Kerzenlicht, entspannende

Hintergrundmusik, Düfte, Matten, Decken und Ähnliches. Hat jeder Teilnehmer ausreichend Platz und liegen deine Arbeitsutensilien für dich als Gruppenleiter griffbereit, kannst du loslegen.

Die Erfahrung zeigt, dass, wenn es eine Frauenüberschußgruppe gibt, die Frauen erst einmal ankommen wollen, sie Zeit brauchen, um sich mitzuteilen. Dafür habe ich die Teekannen immer schon im Vorfeld fertig. Ankommen und durchatmen ist wichtig, bis wir dann zum Arbeitsmodus übergehen. Sonst dauert es bis zur Entspannung einfach zu lange. Männer innerhalb einer Gruppe haben es da meist leichter, die reden meist weniger. Aber die Tendenz ist immer noch, dass mehr Frauen als Männer sich diesen Themen hingeben. Aber es ist in den letzten Jahren auch hier bei uns zu spüren, dass auch die Männer sich auf den eigenen Reiki-Entwicklungsweg begeben. Männer, weiter so!

Ich arbeite mit einer Reiki-Gruppe 90 Minuten lang. Diese Zeit ist auch für die Teilnehmer ausreichend. Ob nun jede Woche oder in einem anderen Rhythmus, die Reiki-

Gruppen-Treffen abgehalten werden, ist immer jedem selbst überlassen. Zum Ankommen in der Runde habe ich immer ein paar Orakel-Karten ausgelegt, das lockert auf und fördert Erkenntnisse für jeden einzelnen Teilnehmer. Meist beziehe ich die Erkenntnisse aus den Karten in der Stunde mit ein.

Es gibt hier bei mir in der Praxis »Im-Haus des Lichts« eine Kiste, die seit Jahren unsere „Fern-Reiki-Kiste" ist. Darin befinden sich viele Umschläge von Gruppenteilnehmern. In diesen Umschlägen befinden sich Zettel mit Namen von Menschen oder Tieren, mit deren Erlaubnis, sie Fernreiki senden. Die Gründe dafür, sich Fernreiki senden zu lassen sind sehr unterschiedlich. Ob sie einfach nur Energiebetankung brauchen, oder zur Unterstützung der Heilungsprozesse dienen, ist eben individuell.

Die Reiki-Energie fließt mit einer gesprochenen Entspannungseinleitung durch mich, als Leiterin dieser Gruppe, wie auch über alle Teilnehmer, in die Reiki-Kiste und von dort aus an ihre Empfänger. Den Rest überlassen wir der Energie zum Wohle aller Beteiligten. Wenn Bedarf sein sollte, tauschen wir uns hinterher über das Fernreiki aus. Es kommt sehr oft vor, dass wir Wochen später großartige Geschichten von Menschen hören, deren Zettel sich in der Fernreiki-Kiste befinden. Das erfreut uns immer wieder, sodass wir gerne damit weitermachen.

Reiki-Symbole

Ich möchte gerne darauf hinweisen, dass es jedem selbst überlassen ist, bei den Reiki-Visualisierungsreisen die Symbole und deren Mantras mit einzubeziehen. Ich denke, dass die meisten Reiki-Praktizierenden, die den zweiten Reiki-Grad auch anwenden, wissen, was die Symbole bedeuten und wie sie einzusetzen sind. Ich habe mich hier vor allem darauf bezogen, die Erklärungen so einfach wie möglich zu halten.

Es ist auch möglich, alle Visualisierungsreisen durchzuführen, wenn man nicht in die Reiki-Methode eingeweiht ist. Es gibt so viele Entspannungsgruppen, die ebenso mit Visualisierungen arbeiten. Dazu sollte man beim Vorlesen des Textes nur einige Stellen verändern oder weglassen. Ich habe auch Literatur von Visualisierungsreisen, die mit Reiki so gar nichts zu tun haben, ich aber beim Vorlesen es mit einfließen lasse. Alles ist möglich.

Aktivierung des Reiki-Feldes

Es bleibt jedem selbst überlassen, wie er das Reiki-Feld aufbaut, da jeder auf seine Art und Weise gelernt hat, es zu aktivieren, damit die Reiki-Energie fließt. Alles in diesem Buch soll als Anregung dienen. Ich werde die Reiki-Visualisierungsreisen hier immer so beschreiben, dass die Reiki-Energie aktiviert wird und fließen kann. Möchte jemand mit den Reiki-Symbolen arbeiten, können diese natürlich integriert werden.

Praktiziert jemand sehr intensiv Reiki, wird es meist ausreichen, daran zu denken, dass es fließt. Andere brauchen ein kleines Ritual, um die Reiki-Energie zu aktivieren. Ich möchte aber auch für diejenigen, die mit diesem Buch arbeiten wollen, sagen, dass man auch die reine Vorstellung von »Lichtenergie« nutzen kann, um alle Visualisierungsreisen umzusetzen, die hier zu finden sind.

Gruppenteilnehmer können sich mit unterschiedlichen Reiki-Graden zusammenfinden, da ist es ratsam, auf den kleinsten Nenner (Erster Reikigrad) für diese Reiki-Visualisierungsübungen zurückzugreifen. Alte Reiki-Hasen wissen sich meist selbst mental an den Reiki-Symbolen zu bedienen und sie zu integrieren. Wie gesagt, sind das meine Erfahrungen mit meiner Reiki-Gruppe.

Vorbereitungen

Für alle Reiki-Visualisierungsreisen ist es gut, sich in eine angenehme körperliche Position zu begeben. Das kann auf dem Boden liegend oder auch sitzend auf einem Stuhl sein. Bedenke, dass, wenn die Entspannung eingeleitet wird, der Körper etwas frieren kann. Halte hierfür für die Teilnehmer Decken bereit.

Die Körperhaltung sollte in jeder Position entspannt sein. Beide Beine sollten im Liegen nebeneinanderliegen und im Sitzen nebeneinander, mit den Fußsohlen, den Boden berühren. Im Liegen sind die Arme entspannt neben dem Körper abzulegen, oder beim Sitzen auf den Oberschenkeln abzulegen.

Musik zur Untermalung kann bei der Entspannung helfen, kann aber auch einige Teilnehmer ablenken. Das sollte mit den Teilnehmern vorher besprochen werden. Die meisten empfinden es als eine sehr angenehme Untermalung und hilfreich zur Entspannung. Beim Einsetzen von Düften aller Art immer darauf achten, dass es für alle Teilnehmer nicht zu aufdringlich ist oder körperliche Reaktionen auftreten, wie zum Beispiel Kopfschmerzen und Ähnliches.

Nach der Reiki-Visualisierungsreise

Nach jeder Reiki-Visualisierungsreise ist es für alle interessant, im Austausch zu erfahren, wie die einzelnen Teilnehmer diese Reiki-Visualisierungsreise empfunden haben. Die gefühlten Emotionen und Bilder können Erkenntnisse für jeden Einzelnen beinhalten.

Der Gruppenaustausch stärkt auch das »Wir-Gefühl« der Gruppe. Tauchen Fragen über das Erlebte innerhalb der Reiki-Visualisierungsreise auf, können diese bei Bedarf gemeinsam erläutert werden.

Auch ist es möglich, dass Reiki-Visualisierungsreisen ihre Wirkung erst später entfalten. Ist einem das bewusst, können diese ebenso gemeinsam mit der Gruppe, bei einem nächsten Treffen, besprochen werden.

Nun geht es los ....

Ich habe Reiki-Visualisierungsreisen aus der geistigen Welt übermittelt bekommen, sowie mich aus dem Alltag inspirieren lassen. Diese wende ich gerne selbst innerhalb der Reiki-Gruppe an und die Gruppenteilnehmer genießen diese Visualisierungsreisen sehr.

Probiere sie aus und vielleicht lässt du mir deine oder eure Erfahrungen zukommen.

Vielleicht gibt es Verbesserungsmöglichkeiten. Vielleicht möchtest du sie abwandeln. Was auch immer. Sie sollen als Inspirationen dienen für alle, die mit und auch ohne die Reiki-Methode arbeiten.

So wünsche ich allen nun viel Freude und Entspannung dabei!

Reiki & Weihnachten

Weihnachten sollte besinnlich sein. In Wirklichkeit ist Weihnachten, in der heutigen und schnelllebigen Zeit, meist alles andere als besinnlich. Da muss geplant werden, die liebe Familie eingeladen werden, die Geschenkefrage geklärt und erledigt werden, Wunschzettel der Kinder sind zu entziffern, Adventskalender füllen nicht zu vergessen, der Einkaufszettel, der immer länger wird, um die Feiertage besinnlich zu gestalten.

Besinnlichkeit war vielleicht früher gefühlt besser, als wir noch ... was auch immer hatten oder konnten. Heute können wir nur noch diejenigen beneiden, die es echt noch draufhaben und authentische Besinnlichkeit leben können.

Die Wertigkeit des Gebens, an andere zu denken, hat mehr Stellenwert bekommen, als sich in dieser Zeit ganz besonders auf sich selbst zu besinnen, auch sich selbst etwas zu geben. Wir haben es entweder gar nicht erst gelernt oder es wieder verlernt, was wichtig sein sollte.

Ja, für jeden ist es etwas Anderes. Der eine braucht den Trubel und andere brauchen vielleicht die Ruhe. Aber schauen wir genau hin, ist der Stress überall sichtbar.

Wer schafft es wirklich, von stressigen Momenten in entspannte Ruhemomente zu wechseln? Einfach mal runterzufahren, zu sich zu kommen, sich auf sich selbst zu besinnen. Wenn wir das für uns persönlich erlernen und im Alltag leben, fällt es uns mit der Zeit auch leichter, das Umfeld mit einzubeziehen.

Die meisten Menschen sind auf das »Geben« konzentriert, statt auch zu »Nehmen«, wenn es wichtig ist. Erst, wenn das Nehmen den gleichen Stellenwert hat, ist das Geben umso leichter. Was nutz es, wenn der Mensch immer nur gibt und gibt und gibt und das Fass dann leer ist. Nichts mehr zu geben hat? Die Folge wird meist eine sich einschleichende Symptomatik auf psychischer und physischer Ebene sein, wie Anspannung, Druck, Stress, Unzufriedenheit, Frust, um nur einige zu nennen.

So sollte auch dafür gesorgt werden, dass, wenn andere gerne geben wollen, es selbst in Dankbarkeit annehmen zu können. So füllt sich das Fass durch dieses Nehmen wieder, um dann wieder etwas geben zu können. So bekam ich vor einem Reiki-Gruppen-Abend schon Bilder aus der geistigen Welt vermittelt, was ich mit der Reiki-Gruppe machen könnte. Diese Bilder waren schon für mich besinnlich schön, sodass ich sie auch in meinem Hirn festhalten und abspeichern konnte. Ich bekomme nicht immer alles bis ins Detail aus der geistigen Welt mitgeteilt oder gezeigt, da sich das meiste erst parallel beim Durchführen dazu entwickelt.

Die Durchführung dieser Reiki-Visualisierungsreise war selbst so schön, als wäre es schon der Abend vor Heiligabend, wo viele Menschen ihren Baum schmücken. Es war so besinnlich, mit allen Sinnen bei der Sache sein, intensives Erleben, Emotionen die gefühlt und in Ruhe ausgelebt werden können, in genau in diesem Moment. Es war fast himmlisch. So erging es auch den Teilnehmern in dieser Runde. Das nenne ich mal Besinnlichkeit bis in die kleinste Zelle. Und was innerlich möglich ist, kann auch mit der Zeit, ins Außen übertragen werden.

So gestalte dir selbst eine besinnliche Zeit.

Diese Übung ist für die Adventszeit gut gemacht.

Visualisierungsreise »Weihnachten«

Entspannungseinleitung

Schließe deine Augen und gehe mit deiner Aufmerksamkeit zu deiner Atmung. Mit jedem ruhigen Atemzug entspannst du deinen Körper und deinen Geist. Du lässt mit jedem entspannten Atemzug alles los, was dir gerade in den Sinn kommt. Du atmest einige Male entspannt ein und wieder aus.

Stelle dir einen ruhigen und entspannten Ort vor, der sich in deinem Inneren befindet. Aktiviere für dich, wie gewohnt, die Reiki-Energie, dass sie durch dich fließen und zum Wohle aller Beteiligten wirken kann. Sei der Kanal für die Reiki-Energie und fühle, wie die Reiki-Energie durch dich entspannt und kraftvoll zugleich hindurchfließt.

Visualisierungsreise

Das Reiki-Energiefeld wird nun automatisch gehalten und du stellst dir vor, du bist in diesem Moment bei dir zuhause oder an einem Ort, wo du gerne Weihnachten verbringen möchtest.

Das kann überall dort sein, wo du dir vorstellen kannst, dass dort ein wunderbarer, noch ungeschmückter, Weihnachtsbaum auf dich wartet. Vielleicht erwartet dich dort eine Blautanne, eine Kiefer oder was auch immer für ein Baum. Das Bild, das vor deinem geistigen Auge auftaucht, wird das Richtige für dich in diesem Moment sein.

Konzentriere dich auf den Ort, deinen persönlichen Weihnachtsbaum und vertraue darauf, dass die Reiki-Energie, die durch dich aktiviert wurde, weiter fließt.

Ob in den Bergen mit viel Schnee, in einer heimischen Hütte oder einem gemütlichen Zimmer oder im sonnigen Strandparadies. Feiere dein persönliches Weihnachten, wo du es möchtest. Mache es für dich stimmig, so kannst du es am besten genießen.

Betrachte nun den noch nicht geschmückten Baum, wie er in seiner natürlichen Pracht vor dir steht und seinen Duft zart versprüht. Mit jedem Einatmen nimmst du den zarten ätherischen Duft in dir auf.

Stelle dir vor, du kannst mit deinem Baum mental kommunizieren. So begrüße deinen Baum mit deinen persönlichen Worten, und fragen ihn, ob es ok ist, dass er von dir geschmückt wird. Nimm die erste Antwort, die du in deinem Inneren hörst oder das erste Gefühl, das du wahrnimmst.

Ist es eher negativ und der Baum sträubt sich, respektiere es und lasse es auf sich beruhen und genieße die Ruhe in seiner Gegenwart.

Ist es positiv, mache weiter.

Neben dir steht eine große Kiste mit wunderschönen Weihnachtskugeln und Weihnachtsschmuck, der darauf wartet an diesem wunderbar duftenden Baum zu hängen, um ihn zum Glänzen zu bringen.

Greife nun in die Kiste und nimm die erste Kugel in deine Hände, schließe mental deine Augen und lasse ganz bewusst die fließende Reiki-Energie in diese Kugel hineinfließen. Spüre, wie die Weihnachtskugel sich füllt mit der Reiki-Energie.

Hast du das Gefühl, das sie gut mit Reiki-Energie gefüllt ist, personalisiere nun die Kugel, indem du dir vorstellst, dass sich dein eigener Name darauf manifestiert, in glitzernder Schneeschrift.

Diese aufgeladene Kugel hängst du an einen schönen Platz an deinem Weihnachtsbaum. Hängt deine Kugel in deinen Baum, dann nimm aus der Kiste eine weitere Weihnachtskugel in deine Hände.

Konzentriere dich nun auf eine Person, der du die nächste Weihnachtskugel widmen möchtest, um zusammen, dieses persönliche Weihnachten zu verbringen. So bekommst du das Gefühl, die Person sei durch diese Weihnachtskugel hier anwesend.

Es ist egal, ob die Person noch unter uns weilt oder mittlerweile im Himmelreich zuhause ist.

Schreibe mit glitzernder Schneeschrift den Namen der Person auf die Kugel und lasse in diese Weihnachtskugel jetzt die Reiki-Energie hineinfließen.

Hast du das Gefühl, die Weihnachtskugel ist gut aufgeladen, hänge diese in deinen Baum.

Greife wieder in die Kiste neben dir, entscheide dich für eine weitere Weihnachtskugel und nimm sie in deine Hände. Für welche Person soll diese Weihnachtskugel jetzt sein? Hast du jemanden in deinem Kopf? Dann personalisiere die Kugel mit der Schneeschrift. Lasse die Reiki-Energie in diese Weihnachtskugel hineinfließen, bis du das Gefühl hast, es ist genug.

Du spürst mittlerweile schon gut, wie einfach die Weihnachtskugeln zu personalisieren sind und vor allem, wie schnell die Reiki-Energie in die Weihnachtskugeln hineinfließt.

Wähle einen Ast, an dem du diese Weihnachtskugel hängen möchtest, und platziere sie dort vorsichtig.

In der Kiste sind noch einige Kugeln, greife hinein und wähle eine weitere Weihnachtskugel, die du in deinen Händen hältst. Wem soll diese Weihnachtskugel gewidmet sein? Fällt dir jemand ein, der heute an diesem Weihnachtstag und Ort, bei dir sein sollte? Personalisiere die Weihnachtskugel mit dem Namen und lasse die Reiki-Energie hineinfließen.

Das ging schon recht schnell, wie du spürst. Platziere die Weihnachtskugel in deinen Baum und schon erscheint der Baum in einem wunderbaren Glanzkleid mit all den Weihnachtskugeln darin.

Nimm eine weitere Kugel aus der Kiste und denke an jemanden, der ebenfalls dabei sein sollte. Es kann auch ein Tier sein, das du hast oder hattest. Personalisiere die Kugel mit dem Namen in Schneeschrift und lasse die Reiki-Energie hineinfließen. Ist die Kugel gut aufgeladen, finde für sie einen schönen Platz in deinem Weihnachtsbaum.

Greife nun noch einige Male in die Kiste, wenn du das Gefühl hast, es dürfen noch einige mehr hier bei dir sein, an diesem wunderbaren Ort. Personalisiere die Kugeln und lade sie mit der Reiki-Energie auf. Du wirst immer besser und vor allem schneller darin, die Weihnachtskugeln, mit der Reiki-Energie aufzuladen, um deinen Weihnachtsbaum strahlen zu lassen. Nimm dir dafür etwas Zeit.

Du kannst aber auch den Weihnachtsbaum ein anderes Mal weiter schmücken. Trete jetzt einige Schritte von deinem geschmückten Weihnachtsbaum zurück. Betrachte deinen glanzvollen Weihnachtsbaum aus einiger Entfernung und spüre in dich hinein, wie er auf dich wirkt. Was spürst du, wenn du dein weihnachtliches Werk so im Glanze betrachtest?

Bleibe in der Reiki-Energie, und verbinde dich mit deinem Weihnachtsbaum, indem du ihn leicht berührst, und lass die Reiki-Energie hineinfließen und schau, was geschieht.

Deine aufgeladenen und personalisierten Weihnachtskugeln fangen an, von innen heraus zu leuchten. Du siehst, wie dein Weihnachtsbaum mit all seinen Weihnachtskugeln anfängt zu glitzern, hier und da funkeln Millionen kleiner Sterne, die in deinem Herzen ein Leuchtfeuer entfachen. Dir ist bewusst das es dein ganz persönliches und besinnliches Fest der Liebe ist.

All die Energie, die du hier siehst und spürst, berührt dich in deinem Herzen, wie noch nie zuvor, das wird dir in diesem Moment sehr bewusst. Genieße diesen Moment für dich selbst und mit den Energien der Personen und Tiere, die du hier eingeladen hast.

Dass, was du denn hier eingeladenen Personen geschenkt hast, bekommst du nun voller Energie und Liebe zurück. Ein Schenken von Herzensenergie zu beiden Seiten. Spüre dich hier an deinem gewählten Ort, an deinem persönlichen Weihnachtsfest.

Du hast die Möglichkeit, jederzeit wieder hier an diesen Ort zurückkommen, um es zu genießen, solange du es brauchst und dich darin wohlfühlen möchtest. Du könntest weitere Weihnachtskugeln jederzeit aufladen und in deinen Weihnachtsbaum hineinhängen.

Bedanke dich bei dir selbst, für das Geschenk, was du dir und den Anderen gerade machst, ohne etwas zu erwarten, einfach nur, weil du es aus reinem Herzen wolltest.

Bedanke dich bei dem Weihnachtsbaum, dass er dir zur Verfügung stand. Bedanke dich bei der Reiki-Energie, dass sie dir jederzeit zur Verfügung steht.

Ausleitung

Du nimmst das Gefühl mit zurück, ins Hier und Jetzt. Werde dir bewusst, wie auch du dich mit der Reiki-Energie aufgeladen hast und mit jedem weiteren tiefen Atemzug hier in diesem Raum zurückkommst.

Tiefe Atemzüge vertiefen das Ankommen in deinem Körper im Hier und Jetzt. Du spürst deinen Körper bewusst und kannst ihn langsam bewegen. Du bist wieder vollständig in deinem Körper und spürst jeden bewussten Atemzug, den du machst.

Nach drei weiteren bewussten Atemzügen machst du langsam deine Augen auf und schaust dich um. Spüre noch einmal in dich hinein und denke daran, dass es dein persönliches Weihnachtsfest ist, was du für dich gestaltet hast. Die Reiki-Energie und die Bilder sind in dir abgespeichert und bei Bedarf jederzeit abrufbar.

Ich wünsche dir ein schönes Weihnachtsfest mit dir selbst und deinen Lieben. In der Adventszeit hast du die Möglichkeit, jederzeit und öfters den Weihnachtsbaum zu schmücken. Im besten Fall kannst du Weihnachten mehr als einen Tag lang genießen und steht es dann real an, bist du viel entspannter und gelassener, sodass du das Weihnachtsfest auch in Wirklichkeit genießen kannst.

Das alte Jahr verabschieden

Zu Sylvester ballern wir Millionen von Geld in Form von Raketen und Böllern in den Himmel, um das alte Jahr zu verabschieden und das neue Jahr zu begrüßen. Oft ohne Sinn und Verstand schleudern wir Dreck in die Atmosphäre. Darauf verzichten möchten die Wenigsten, aber mal ehrlich: Schön anzusehen ist es dennoch, denken wir an all die »Ohhhsss« und »Ahhhsss«, wenn die Sterne und bunten Rosenfunken in Formationen am Himmel erscheinen. Durch den vorchristlichen Glauben sollen mit dem Feuerwerk die »bösen Geister« vertrieben werden und die Vorfreude auf das neue Jahr eingeläutet werden.

Wir könnten das auch anders nutzen, dachte ich mir, als ich so im Flieger, auf dem Weg nachhause war, nachdem ich den Beginn des Jahres 2019 unter der Sonne Spaniens begrüßte. So gab mir die geistige Welt wieder einige Impulse und Bilder, hoch oben zwischen den Wolken.

Also mach was draus, dachte ich mir. Lass es hier knallen, mit Gedankenbildern das alte Jahr beenden und das neue

Jahr einläuten. Ich wünsche dir viel Spaß dabei, es krachen zulassen.

Diese Reiki-Visualisierungsreise kann gut vor dem Jahreswechsel durchgeführt werden.

Visualisierungsreise »Sylvester«

Einleitung

Schließe deine Augen und gehe mit deiner Aufmerksamkeit zu deiner Atmung. Mit jedem entspannten Atemzug entspannst du deinen Körper und deinen Geist. Du lässt mit jedem entspannten Atemzug alles los, was dir gerade in den Sinn kommt. Du atmest entspannt einige Male ein und wieder aus.

Stelle dir einen ruhigen und entspannten Ort vor, der sich in deinem Inneren befindet. Aktiviere die Reiki-Energie, dass sie durch dich fließt und zum Wohle aller Beteiligten wirken kann. Sei der Kanal für die Reiki-Energie und fühle, wie die Reiki-Energie durch dich entspannt und kraftvoll zugleich hindurchfließt.

Visualisierungsreise

Das Jahr neigt sich in schnellen Schritten dem Ende zu, und du möchtest es für dich besonders abschließen?

Stelle dir vor du gehst am 31. Dezember, somit an Sylvester, noch bummeln und bleibst vor einem Geschäft stehen, einem besonderen Geschäft.

Dieses Geschäft verschenkt an Menschen, die dieses Geschäft finden, besondere Himmelsraketen, Leuchtfeuer, und anderes Zeug, um es liebevoll krachen zu lassen. Du hast dieses Geschäft nicht ohne Grund gefunden, du bist für dieses Jahr auserwählt, weil du es dir selbst wert bist, es für dich auf besondere Art und Weise und, nach Lust und Laune, richtig krachen zu lassen.

So entscheide dich jetzt, ob du in das Geschäft hinein gehen möchtest oder lieber darauf warten möchtest, dass es noch einmal eine Möglichkeit für dich gibt. Aber warum warten, wenn jetzt dein JETZT ist?

Du entscheidest, hineinzugehen, auch wenn sich in deinem Bauch noch ein mulmiges, neues Gefühl breit macht und du vielleicht noch nicht einordnen kannst, was hier gerade passiert. Das macht nichts, das gehört dazu. Solch ein Geschäft ist eben nicht an jeder Ecke zu finden.

Die Tür geht wie von selbst auf, mit jedem Schritt, den du darauf zu gehst. Ein angenehmer Duft macht sich in deiner Nase breit, er scheint dich mit jedem Atemzug zu entspannen. Du verspürst auf deiner Haut ein leichtes Kribbeln und kannst dir nicht erklären, was es auslöst.

Dir wird langsam klar: Das hier ist nicht von dieser Welt, dieses Gefühl, was du in dir verspürst, diese Energie, die du im außen wahrnimmst, es fühlt sich an, wie Seelenwellness oder Ähnliches.

Du wirst von den Angestellten, die sich um die Wünsche ihrer Kunden kümmern, freundlich begrüßt. Du grüßt freundlich zurück, wie du es für richtig hältst, auch wenn sich einige Fragezeichen in deinem Kopf breitmachen.

Ein netter Herr, ein Angestellter, steht vor dir und schaut dir in die Augen und du denkst nur, was für Augen, wie verzaubert fühlst du dich in diesem Moment und zugleich entspannt.

Der freundliche Herr hat die Fähigkeit, in dein Herz zu schauen, er berührt es mit seinen Augen und du kannst nur nicken, wenn er dich etwas fragt. Er hört dein Inneres und spürt, was du in diesem Jahr noch loslassen möchtest. Er hilft dir bei der Suche von richtigen Knallern und Krachern, um es loslassen zu können.

Du bist noch etwas mit dem Kopf dabei, versuchst, das alles hier zu verstehen. Doch du vertraust deinem Gefühl in dir mehr und mehr, da der Herr dich auf besondere Weise innerlich berührt.

Du lässt ihn in dein Herz und spürst, das es sich echt gut anfühlt. Ein Gefühl von Vertrautheit, ohne ihn jemals vorher gesehen oder kennengelernt zu haben. Du spürst nur, dass es wunderbar ist.

Der nette Herr, der dich so wahrnimmt, wie du dich selbst noch nie im tiefsten Innern wahrgenommen hast, kramt in deinen alten Erinnerungen, Erfahrungen, Situationen, Menschen, Tieren, Verlusten usw. Natürlich wird er fündig und er weiß genau, für was es jetzt Zeit ist, das alles loszulassen, was du nicht mehr benötigst.

Er schaut, spürt und ab und zu nickt er mit seinem Kopf. Du lässt ihn gewähren, denn dein Herz kennt die Wahrheit, deine Seele weiß, was du getrost in den Himmel schicken kannst. Der Herr mit seinen wunderbaren Augen dreht sich um und läuft durch den Laden und du folgst ihm voller Vertrauen.

Er bleibt stehen, schaut sich nach dir um, fragt dich, was deine Lieblingsfarbe ist. Du nennst ihm deine Lieblingsfarbe und er packt eine Rakete in sein Körbchen. Er läuft weiter, bleibt an einem Regal wieder stehen und fragt dich, was deine Lieblingsblumen sind. Du überlegst kurz und antwortest ihm. Er nimmt ein großes Päckchen und legt es in den Korb.

Er geht weiter, schaut nach links, nach rechts, bleibt stehen, dreht sich zu dir um, schaut auf deinen Oberkörper in Herzhöhe, dringt liebevoll bis ins tiefste Hintertürchen deines Herzens hinein und sucht wohl die richtige Tür.

Du spürst das Kribbeln in deinem Herzen und musst etwas lachen. Dein Grinsen erreicht seine Ausmaße vom rechten bis zum linken Ohr. Der nette Herr stößt ebenso ein Grinsen mit einem hörbaren »Ahhhh« aus. Du verstehst zwar noch nicht richtig, aber du vertraust dem Geschehen. Wieder packt er ein großes Päckchen in den Korb.

Er nickt alles für sich ab, dreht sich um und ihr beide geht zurück, zum Ladentisch. Dort verpackt er alles sicher in eine Tüte und reicht dir die Tüte mit den Krachern, Knallern und einer Rakete. Er wünscht dir viel Freude und ein gesegnetes Loslassen beim Übergang ins neue Jahr. Du grinst ihn noch wie verzaubert an, öffnest die Tür und gehst hinaus auf die Straße.

Kurz durchgeatmet fragst du dich, was da gerade geschehen ist. Du drehst dich um, und das Geschäft ist nicht mehr da, einfach weg. Du siehst zwar ein Geschäft, aber es sieht ganz anders aus. Du liest die Ladenüberschrift und dort steht »Reinigung zum Himmelswillen«. Du spürst, wie du auf einmal lachen musst. Der Abend und die Nacht schreiten voran und du schaust auf deine Uhr. Du stellst fest, dass es noch wenige Minuten sind, bis zum Jahreswechsel. Du gehst also mit deiner Tüte hinaus und suchst dir ein Örtchen, wo du ungestört bist.

Du baust als Erstes deine Rakete auf, da hörst du eine Stimme in dir, die Stimme deines Herzens, die klingt wie die Stimme des netten Herren aus dem Geschäft. Du vertraust dieser wahrnehmbaren Stimme, die Folgendes zu dir sagt: »Ich gebe dir kurze Hinweise zur Handhabung, damit du es krachen lassen kannst, um das Jahr gut und befreit beenden zu können.

Verbinde dich nun ganz bewusst mit der Reiki-Energie und lasse sie in und durch dein Herz strömen. Du kannst zur Unterstützung auch eine Hand auf dein Herz legen, um es besser zu fühlen. Die Reiki-Energie ist wichtig für dich, da sie dir hilft, das loszulassen, was dir jetzt als Erstes in den Sinn kommt.

Nimm, dass, was als Erstes hochkommt. Sind es mehrere Dinge, ist es auch gut. Lass es hochkommen und denke *daran, dass du mit der Rakete das alles, was du loslassen möchtest, in den Himmel schießt und das noch in deiner Lieblingsfarbe. Genieße, wie es knallen und in deiner Farbe leuchten wird. Erfreue dich mit deinem ganzen Herzen daran«.*

Nachdem die Stimme verstummt ist, nimmst du die Rakete und positionierst sie in einer Flasche, zündest sie an und gehst auf Sicherheitsabstand. Du legst deine Hand auf dein Herz, lässt alles hochkommen, was du loslassen möchtest.

Du spürst und hörst, wie die Rakete mit einem Zischen nach oben steigt, du sie mit deinen Augen in den Himmel verfolgst, das Krachen hörst und dem Farbenspiel folgst. Dein Herz freut sich mit dir, dass sich das auflöst, was aufgelöst werden darf.

Du hörst wieder die Herzensstimme: »Wende dich dem Kracher zu, den du mit deinen Lieblingsblumen verbindest. Baue es mit etwas Sicherheitsabstand vor dir auf. Dieser Kracher steht dafür, dass zu wertschätzen, was du in deinem Leben alles erlebt hast, egal, ob es gute oder nicht so gute Erfahrungen waren. Sie haben dich zu diesem Menschen werden lassen, der du heute bist.

Wertschätzung sich selbst gegenüber ist es wert, zu spüren und zu leben. Also schicke deine Blumen in den Himmel und lasse sie erblühen«. Was für Worte, denkst du, und freust dich schon auf das Spektakel, welches gleich am Himmel erscheint.

Du zündest die Lunte an, gehst einige Schritte zurück, legst deine Hand wieder auf dein Herz und spürst die Reiki-Energie erneut. Du bist gespannt, was gleich passiert, und schon zeigt der Himmel deine Lieblingsblumen in voller Blüte und in den prächtigsten Farben.

Du fühlst die Freude in deinem Herzen, die dich Freudentränen vergießen lassen. Dieses tiefe Gefühl in dir ist unbeschreiblich und du genießt diesen Moment in der Fülle der strahlenden Blumen am Himmel.

Betäubt von dem Glanz hast du noch ein Knaller-Päckchen in der Tüte und wieder vernimmst du die Herzensstimme: »Das letzte Päckchen beinhaltet alles, was du dir für das neue Jahr aus tiefsten Herzen wünschst. Es ist nicht immer das Vordergründige, meist sind es die winzigen Dinge, die im Verborgenen liegen, an die du nicht mehr gedacht hast, sie nicht auf deinem Plan zu stehen hattest. Lasse dich für das neue Jahr überraschen. Lass es krachen im neuen Jahr, du tust es für dich und dein Umfeld, zum Wohle aller Beteiligten.«

Du spürst die innere Aufregung und lässt dich darauf ein, auch wenn es viele kleine winzige Dinge sind, egal. Sie sind es wert, dass du sie bekommst, sie erleben und erfahren darfst.

Du zündest die Lunte an, gehst auf sicheren Abstand und legst deine Hand wieder auf dein Herz, lässt die Reiki-Energie fließen und schaust dir diese wunderbaren Leuchtfunken am Himmel an. Sie formen sich zu Symbolen, Zeichen oder Ähnliches, wie beim Bleigießen. Du merkst dir die Bilder, um sie später zu notieren und deuten zu können.

Als alles wieder dunkel am Himmel wird, legst du beide Hände auf dein Herz, du fühlst dich leicht und beschwingt, mit Energie aufgeladen. So bist du nun auf besondere Art und Weise ins neue Jahr gerutscht. Nun kann es kommen und du bist freudig erregt, was das neue Jahr für dich bereithält.

Du bedankst dich bei der Reiki-Energie, bei deiner Herzensstimme und hoffst, zum Ende des Jahres wieder vor dem besonderen Geschäft zu stehen.

Da hörst du die Herzensstimme in dir sagen: »Ich bin da, ich war immer da, Du wirst mich finden, vertraue dir und deinem Herzen, sei es dir wert. Nun genieße das neue Jahr.«

Ausleitung

Voller Energie nimmst du einige tiefe Atemzüge und kommst mit jedem Atemzug immer mehr und mehr ins Hier und Jetzt zurück. Immer mehr nimmst du dich und deine Umgebung wahr. Nimm drei ganz bewusste Atemzüge und bewege deine Finger, deinen Kopf, deine Beine und deinen Körper, bevor du deine Augen langsam wieder öffnest.

Notiere alles, was dir wichtig erscheint. Vor allem die Symbole, Zeichen oder Ähnliches. Alles, was sich zeigte, kann von Bedeutung für dich sein. Versuche zu deuten, was das Jahr für dich bereithalten kann. Ich wünsche dir ein frohes und erfolgreiches neues Jahr.

Gebe dem Spiegelbild Reiki

Eigenanwendung

Die meisten Teilnehmer lernen innerhalb einer Reiki-Ausbildung schon beim ersten Grad, wie es umgesetzt wird, sich eine Reiki-Selbstanwendung zu geben. Sich die Hände auf die Körperstellen zu legen und die Reiki-Energie fließen zu lassen.

Durch die Reiki-Eigenanwendung, die ich sehr befürworte, fällt es einem nicht immer leicht, zu fühlen und darauf zu vertrauen, dass die Reiki-Energie fließt und wirkt. Hierzu habe ich aus der Geistigen Welt eine Reiki-Visualisierungsübung gezeigt bekommen und diese dann auch gleich mit den Teilnehmern der Reiki-Gruppe erfolgreich umgesetzt.

Visualisierungsreise »Spieglein, Spieglein ...«

Entspannungseinleitung

Schließe deine Augen und gehe mit deiner Aufmerksamkeit zu deiner Atmung. Mit jedem entspannten Atemzug entspannst du deinen Körper und deinen Geist. Du lässt mit jedem entspannten Atemzug alles los, was dir gerade in den Sinn kommt. Du atmest entspannt einige Male ein und wieder aus.

Stelle dir einen ruhigen und entspannten Ort vor, der sich in deinem Inneren befindet. Aktiviere die Reiki-Energie, dass sie durch dich fließen und zum Wohle aller Beteiligten wirken kann. Sei der Kanal für die Reiki-Energie und fühle, wie die Reiki-Energie durch dich entspannt und kraftvoll zugleich hindurchfließt.

Visualisierungsreise

Stelle dir einen großen Spiegel vor, indem du dich von Kopf bis Fuß selbst sehen kannst. Dein Spiegelbild erscheint so, wie du es gerade sehen sollst. Dein Spiegelbild kann physischer Natur sein oder es zeigt sich eher energetischer Natur. Alles, was sich zeigt, ist okay. Was ist dein erster Gedanke zu dem, was du siehst? Was denkst du als Erstes über dein Spiegelbild?

Lächle dir zu, als würdest du deinen besten Freund oder deine beste Freundin nach langer Zeit wieder sehen und schau, was geschieht. Sprich mental zu deinem Spiegelbild, das du dich freust, dass ihr euch hier seht, denn du hast etwas Schönes mit deinem Spiegelbild vor.

Lenke die Aufmerksamkeit nun auf die Reiki-Energie, und lege deine Handinnenflächen an die Spiegelfläche. Du wirst sehen, dass Dein Spiegelbild genau das gleiche macht. Lass nun die Reiki-Energie durch deine Hände in die Hände deines Spiegelbildes fließen. Beobachte ohne Wertung einfach, was geschieht.

Nachdem nun etwas Reiki-Energie geflossen ist, lege eine Hand auf dein Herz. Du wirst sehen, dass dein Spiegelbild es dir gleich tun wird. Lass die Reiki-Energie durch dein Herz und deinen Körper fließen, weiter durch deine Hand am Spiegel, in die deines Spiegelbildes und dort ins Herz deines Spiegelbildes. Spüre einfach, was es mit dir und deinem Spiegelbild macht, solange die Reiki-Energie zwischen euch hin und her fließt.

Nimm die Hand von deinem Herzen und lege sie an eine Körperstelle deiner Wahl, um auch dort die Reiki-Energie fließen zu lassen. Beobachte, wie auch dein Spiegelbild die Position verändert.

Hast du das Gefühl, dass die Reiki-Energie ausreichend ist, bedanke dich bei deinem Spiegelbild. Nimm deine Hand von dem Spiegel und löse dich von dem darin befindlichen eigenen Spiegelbild und spüre einen Moment lang in dich selbst hinein.

Schau dir das Spiegelbild an. Was siehst du? Was hat sich vielleicht verändert? Ist dir etwas aufgefallen? Sei dir sicher, dass du deinem Spiegelbild die Reiki-Energie gesendet hast, genauso wie du dich selbst mit der Reiki-Energie versorgt hast.

Löse dich vollkommen von deinem Bild und spüre einfach deinen Körper im Hier und Jetzt, wie er sich aufgeladener, energievoller, entspannter, ausgeglichener, harmonievoller anfühlt.

Ausleitung

Voller Energie nimmst du einige tiefe Atemzüge und kommst mit jedem Atemzug immer mehr und mehr ins Hier und Jetzt zurück. Immer mehr nimmst du dich und deine Umgebung wahr. Nimm drei ganz bewusste Atemzüge und bewege deine Finger, deinen Kopf, deine Beine und deinen Körper, bevor du deine Augen langsam wieder öffnest.

Natürlich kannst du diese Visualisierungsreise als Übung vor einem großen Spiegel durchführen. Ob es einen Unterschied gibt, ist Ermessenssache, da jeder etwas anderes wahrnimmt. Aber es ist die Erfahrung wert, es auszuprobieren.

»Ich will entspannt fliegen!«

Fliegen mit dem Flugzeug macht dich nervös? Es gibt Menschen, die in den Urlaub fliegen, auf Geschäftsreise mit dem Flieger unterwegs sind und Menschen, die aus beruflichen Gründen mit dem Fliegen an sich zu tun haben. Die einen lieben das Fliegen, die anderen nehmen es hin, und wieder andere hassen es und müssen es trotzdem tun. Dann gibt es da noch die Menschen, die nicht fliegen und aus den unterschiedlichsten Gründen Ängste haben, die sie am Fliegen hindern. Dabei ist es egal, ob die Ängste bewusst oder unbewusst sind. Das Gefühl, welches eine Angst auslöst, ist für die Betroffenen meist sehr schlimm.

Ich hab mit Reiki so Einiges erlebt und bin ein sehr optimistischer Mensch. Was wäre, wenn die Reiki-Energie, gepaart mit einer Visualisierungsreise, helfen könnte, dass Menschen, die nicht gerne oder eben durch Angst daran gehindert werden, es schaffen, danach in ein Flugzeug steigen können?

Laut Wissenschaft ist es dem Gehirn doch völlig egal, ob man etwas gerade wirklich erlebt oder nur so tut, als würde es erlebt werden. Es gibt Sportler, die mental trainieren, wie sie in Bestzeit die Ziellinie überschreiten, und der Körper ist nachgewiesener Weise in den gleichen Prozessen, als würde er wirklich trainieren.

Was, wenn wir die Möglichkeit haben, das Fliegen zu trainieren? Zu wissen, dass es jederzeit möglich ist, einfach aus dem Flieger zu steigen, wenn die Augen geöffnet werden. Um festzustellen, dass man wieder an dem Ort ist, von dem aus die Visualisierungsreise gestartet wurde?

Je mehr Sicherheits-, und Wohlgefühl sich im Körper ausbreitet und man Spaß beim Visualisierungsfliegen hat, umso eher traut man sich vielleicht, auf einer Kurzstrecke mitzufliegen. In der Praxis sollte diese Möglichkeit solange probiert werden, bis sie sich mit allem Gefühlten eingeprägt hat.

Lässt du dich darauf ein? Dann wünsche ich dir einen schönen Flug.

Visualisierungsreise »Guten Flug«

Entspannungseinleitung

Schließe deine Augen und gehe mit deiner Aufmerksamkeit zu deiner Atmung. Mit jedem entspannten Atemzug entspannst du deinen Körper und deinen Geist. Du lässt mit jedem entspannten Atemzug alles los, was dir gerade in den Sinn kommt. Du atmest entspannt einige Male ein und wieder aus.

Stelle dir einen ruhigen und entspannten Ort vor, der sich in deinem Inneren befindet. Aktiviere die Reiki-Energie, dass sie durch dich fließen und zum Wohle aller Beteiligten wirken kann. Sei der Kanal für die Reiki-Energie und fühle, wie die Reiki-Energie durch dich entspannt und kraftvoll zugleich hindurchfließt.

Visualisierungsreise

Stelle dir vor, du möchtest morgen verreisen. An einen Ort, an dem du schon immer einmal hinwolltest, der von der

Entfernung her aber zu weit weg ist, um mit dem Auto oder dem Zug dorthin zu fahren.

Du packst deinen Koffer mit all deinen Lieblingssachen, die du an diesem Ort brauchst, benutzen oder auch anziehen möchtest. Du willst es dir gut gehen lassen, dich vor allem entspannen. Darauf freust du dich am meisten, auf das Entspannen.

Nachdem du alles Wichtige in deinen Koffer verstaut hast, schließt du ihn, stellst ihn für morgen in die Ecke und gehst zum Schlafen in dein Bett, da du früh raus darfst, um zum Flughafen zu fahren.

Du spürst etwas Aufregung in dir, aber jetzt ist es erst einmal wichtig, zu schlafen, tief in den Schlaf zu sinken, dich mit der Reiki-Energie aufzutanken und dich im Schlaf zu erholen.

Du legst dir die Hände auf deinen Bauch und dein Herz. Lasse die aktivierte Reiki-Energie in deinen Bauch, in dein

Herz und deinen ganzen Körper hineinfließen, erst ganz bewusst und dann unbewusst, da du entspannt tiefer und tiefer in deinen Schlaf hinein sinkst. Du schläfst gut in deinem Bett und deiner gewohnten Umgebung ein, tiefer und tiefer sinkst du hinein in den folgenden Traum.

Du träumst, ohne dass es dir bewusst ist, dass es ein Traum ist. In diesem Traum befindest du dich freudig erregt mit deinem Koffer und deinem Ticket am Flughafen. Du stehst direkt am Schalter, um einzuchecken, und vertraust der netten Person am Schalter deinen Koffer an.

Mit deiner Bordkarte und deinem Handgepäck begibst du dich als Nächstes zu dem Gate, wo der Flieger schon bereitsteht, um dich an deinen Lieblingsort zu bringen. Entspannt setzt du dich noch einen Moment, bis dein Flug aufgerufen wird.

Immer noch bist du völlig entspannt, deine Atmung ist ruhig und gleichmäßig. Du malst dir aus, was du alles Schönes erleben wirst an deinem Lieblingsort. Dann hörst du eine *liebliche Stimme, die deinen Flug und deinen Namen aufruft.*

Du bist bereit und begibst dich über die angrenzende Gangway direkt in das Flugzeug. Du suchst nach deinem dir zugewiesenen Platz, als dich die Stewardess mit ruhiger Stimme anspricht, um dir mitzuteilen, dass du freie Platzwahl hast, da du heute der einzige Fluggast auf der Strecke bist.

Du schaust sie etwas verwundert an, weil du es nicht glauben kannst, folgst aber ihren Anweisungen und schaust dich kurz um, damit du entscheiden kannst, wo, auf welchem Platz du dich niederlassen möchtest. Da springt dir ein Platz ins Auge, bei dem du ein angenehmes Gefühl in deinem Bauch verspürst.

Du machst es dir genau dort bequem, richtest dich ein und legst dein Handgepäck in das obere Ablagefach. Du kannst es immer noch nicht glauben, aber wenn es so sein soll, dann ist das hier dein persönlicher Flug, den die Crew für dich durchführt.

Du legst den Sicherheitsgurt an und die Stewardess kommt zu dir und erklärt dir mit ihrer weichen entspannten Stimme, wie der Gurt angelegt wird und auch wieder geöffnet wird. Sie erklärt dir auch, wenn es eine Situation geben sollte, du entspannt bleiben kannst, da sie für dich da ist, und weiß, was zu tun ist.

Sie erklärt dir, wo sich Sauerstoffmaske und die Rettungsweste befinden, um diese anzuwenden. Diese Stimme ist so weich, dass du selbst völlig entspannt bist. Was soll schon geschehen. Du bist völlig sicher, da du ein gutes Gefühl in deinem Bauch verspürst. Die Crew tut ihr Bestes, um dich an dein Ziel zu bringen. Du kannst den Flug mit diesem guten Gefühl genießen, das ist das Wichtigste.

Die Stewardess vermittelt dir, dass du sie jederzeit rufen kannst, wenn du einen Wunsch hast. Die Crew macht sich bereit, da das Flugzeug sich langsam Richtung Startbahn in Bewegung setzt. Du hörst die Motorengeräusche des Flugzeuges, wie sie immer lauter werden, um sich auf den Start vorzubereiten.

Du legst dir deine Hände auf den Bauch und dein Herz, um die Reiki-Energie in deinen Körper einfließen lassen zu können. Dein Bauchgefühl ist immer noch sehr entspannt, dein Körper verhält sich ruhig und dein Herz klopft in einem entspannten Tempo, wie es sein darf. Dein Hals ist entspannt und locker, dein Kopf ist ruhig. Das Einzige, was du spürst, ist ein leichtes Hüngerchengefühl im Bauch.

Du spürst einen leichten Druck, der dich in deinen Sitz drückt, weil das Flugzeug durchstartet, um in die Luft zu steigen. Es dauert nur wenige Sekunden und da spürst du, wie das Flugzeug den Boden verlässt, seine Schnauze nach oben gerichtet ist, um die ideale Flughöhe zu erreichen. Du schaust aus dem Fenster und siehst, wie du dem Himmel immer näherkommst, ihr die Wolkendecke hinter euch lasst und die Flughöhe erreicht.

Da siehst du diese Farbenpracht aus dem Fenster, dieses wunderbare Blau, die Weite, die Sonne. Du spürst durch das Fenster die Sonnenwärme auf deiner Haut und erinnerst dich sofort an die sonnigen Momente in deinem Leben, die völlige Entspannung, sich der Sonne und der

Wärme hinzugeben, sie aufzusaugen, zu genießen, wie in einem Sonnenurlaub auf der Sonnenliege. Du schwelgst in diesen wohligen Gedanken bei diesem Anblick aus dem Fenster, bis du diese liebliche sanfte Stimme der Stewardess vernimmst, die dich fragt, was dein Wunsch sei.

Was ist dein Wunsch? Was zu trinken, etwas zu essen, was zu lesen? Egal, was du äußerst, sie nimmt ihn entgegen und ist im nächsten Augenblick schon wieder bei dir, um dir deinen Wunsch zu erfüllen. Du glaubst es kaum und beschäftigst dich mit deinem Wunsch und schaust immer wieder mal durch das Fenster. Du genießt regelrecht diesen Anblick, dieser beruhigenden blauen Farbe, dieser friedlichen Atmosphäre hier oben. Völlige Entspanntheit weit und breit, einfach nur Ruhe und Weite, der du dich hingibst.

Dann ertönt ein zarter Ton, der dich auffordert, sich auf den Landeanflug vorzubereiten. Du wunderst dich noch, wie schnell der Flug schon vorbei ist, aber diese Entspannung und Ablenkung hat die Zeit wie im Fluge vergehen lassen.

Da spürst du wieder die Vorfreude, dass du gleich an deinem Zielort bist, um dich die nächsten Tage zu entspannen, dich wohlfühlen wirst, mit allen Dingen, die du dir vorgenommen hast.

Die Stewardess kommt noch einmal zu dir, um zu sehen, ob mit dir alles okay ist und auch gegebenenfalls deinen Getränkebecher und den Rest mit abräumt.

Aus dem Fenster kannst du schon wieder alles Mögliche erkennen, wie Häuser, Autos, die verschiedenen Farben, die du aus dieser Perspektive wahrnehmen kannst. Das Flugzeug setzt sehr sanft auf der Landebahn auf und rollt zum Terminal des Flughafengebäudes. Die Stewardess kommt noch einmal zu dir, hilft dir, dein Gepäck aus dem Fach zu nehmen, und wünscht dir eine wunderbare und zauberhafte Zeit und Erholung.

Die Tür wird geöffnet und du steigst über eine Treppe aus dem Flugzeug aus. Du spürst den Boden unter deinen Füßen, die dir mit jedem Schritt immer bewusster werden.

Du freust dich über diesen besonderen, nur für dich persönlichen Glücksflug zu deinem gewählten Zielort.

Im Terminal angekommen siehst du auch schon das Kofferband, an dem dein Koffer ganz allein über das Band läuft. Du sinnst noch etwas nach, um mit deinem Kopf zu verstehen, was alles passiert ist, wie einfach, wie entspannt und ruhig dieser Flug für dich gewesen ist. Die Crew so freundlich zu dir war, dass alles andere zur Nebensache wurde. Aber dieser Ausblick, aus der Vogelperspektive, ist unbezahlbar für dich und du freust dich schon auf deinen Rückflug. Jetzt ist erst einmal Erholung angesagt.

Als du dich so freust und nachdenkst, hörst du ein leichtes Summen in deinen Ohren, bis dir bewusst wird, dass es dein Wecker ist, der sich bemerkbar macht. Du nimmst deine Hände von deinem Bauch und deinem Herzen, tastest nach dem Ausknopf und stehst erholt aus deinem Bett auf, als dir dein Traum wieder ins Bewusstsein kommt. Mit diesem besonderen Flug, mit diesem Gefühl und der Erinnerung an diesen Traumflug, machst du dich fertig, um dich auf deine Reise zu begeben.

Ausleitung

Du spürst dich hier in diesem Raum, in völliger Entspannung und Wohlbefinden und freust dich schon auf das nächste Mal, wenn du wieder fliegen möchtest. Du spürst deinen Körper immer mehr, nimmst drei bewusste tiefe Atemzüge, bevor du deine Augen öffnest.

Fliege, so oft du möchtest, mit dieser entspannten Fluggesellschaft, um dich an das Erlebte immer wieder zu erinnern und wieder neu zu erleben.

»Na, einen guten Flug gehabt?«

Vielleicht ist es hilfreich, dir einige Notizen zu machen oder ein Visionsbild davon zu malen, wie die Aussicht aus dem Fenster im Flugzeug war, um das Bild und die Gefühle besser festhalten zu können.

Vielleicht ist diese Visualisierungsreise auch eine Unterstützung für andere angewandte Methoden zur Flugangstbekämpfung. Solange es hilft, ist es am Ende egal, welche Methode dazu angewandt wurde.

Reiki-Einweihung & Schwangerschaft

Schwangerschaft: ein Wunder des Lebens, von der Zeugung bis zur Geburt. Nicht jede Schwangerschaft verläuft immer nach Lehrbuch, sie ist für jede Frau sehr individuell. Höhen und Tiefen gehören dazu und wird unterschiedlich wahrgenommen und ausgelebt.

In der heutigen Zeit gibt es viele Möglichkeiten zur Unterstützung der werdenden Mutter und ihrem Kind. Jede Mutter braucht etwas Anderes oder gefällt etwas anderes. Das wird jede Mutter selbst herausfinden.

Ich möchte hier von meinen Erfahrungen berichten, da ich es wunderbar finde, eine werdende Mutter mit Hilfe durch Reiki in ihrer Schwangerschaft oder der Geburt zu begleiten. Als ich selbst mit meinen Kindern (1987 & 1989) schwanger war, wusste ich noch gar nichts über die Reiki-Methode. Da war ich wirklich unbefleckt. Im Rückblick fand ich das schade, aber so war es eben. Wobei ich selbst sagen kann, dass ich auch ohne Reiki meine Schwangerschaften genießen konnte.

Als ich 1999 die Reiki-Lehrer-Ausbildung absolvierte und mein erster Kurs (Erster Reiki-Grad) noch in der Planungsphase war, eröffnete mir eine Teilnehmerin, nennen wir sie „B", dass sie den Ersten Reiki-Grad auf jeden Fall erlernen möchte, sie aber mit ihrem ersten Kind schwanger sei. Ich wusste erst einmal nicht, wie ich damit umgehen sollte, da ich ja über solch eine Situation nichts wusste. Es war kein Teil meiner Ausbildung zur Reiki-Lehrerin gewesen. »Was nun, ist das möglich? Was, wenn etwas passiert?« So viele Fragen, die mir selbst etwas Angst machten. Ich las schon viele Reiki-Bücher, nichts war darin zu finden, wie man sich in solch einer Situation verhält, was eine Reiki-Einweihung innerhalb einer Schwangerschaft auslösen könnte, vielleicht noch eine Fehlgeburt? Diese Unsicherheit verfolgt einen als junge Reiki-Lehrerin schon. Also dachte ich nach, hörte immer auf mein Bauchgefühl, wägte alles ab, was ich über die Reiki-Methode wusste.

Wenn die Reiki-Energie doch so etwas Wunderbares ist, wie kann sie für das Ungeborene Kind dann schädlich sein? Die Energie bewirkt das, was sie bewirken soll. Ja schön und gut, aber wenn etwas passiert, führt die werdende

Mutter es nicht auf die Reiki-Energie zurück? Oh Mann, das war eine echte Herausforderung für mich, und das gleich am Anfang meiner Reiki-Praxis.

Mit der Teilnehmerin „B" besprach ich alles ganz offen. Ich überließ die Entscheidung der werdenden Mutter und ihrem Bauchgefühl. Wir besprachen alle Eventualitäten und sie bekam Zeit, um reiflich darüber nachzudenken. Auch ich selbst setzte mich immer wieder damit auseinander. Keiner konnte mir weiterhelfen, damals war das mit dem Internet ja noch nicht so, wie es heute ist. Heute könnte man viel schneller zu Ergebnissen kommen, aber damals ...? Mein Bauchgefühl gab mir ein gutes Gefühl, dem ich vertrauen sollte und es dann auch tat.

So kam mir die nächste Frage in den Sinn: »Ok, wenn ich die schwangere Teilnehmerin „B" in den Ersten Reiki-Grad einweihe, weihe ich auch das Kind im Bauch der Mutter mit ein?« Eine Frage ohne Antwort. Da meine Erfahrungen aber bis heute sehr positiv sind, ist es für mich nicht mehr wichtig. Vielleicht wissen wir heute noch nicht wirklich, was bei einer Reiki-Einweihung abläuft, und dann noch bei einer schwangeren Frau. Ich denke, dass die Energie sich auf jeden Fall auf das Ungeborene Kind auswirkt. Die Reiki-Energie wird keinen Halt machen und das Kind umgehen, warum auch. Die Reikienergie fließt durch die werdende Mutter und somit ebenso durch das Kind, das sie in sich trägt. So hat auch das Ungeborene etwas von der Reiki-Energie.

Ein Ungeborenes Kind reagiert innerhalb einer Reiki-Anwendung sehr oft darauf. Dazu später mehr.

In den Jahren hat die Teilnehmerin „B" ihre drei Reiki-Ausbildungen (Erster, Zweiter und Meister Reikigrad) als werdende Mutter, absolviert. Somit hat das erste Kind die Ausbildung des Ersten Reiki-Grades miterlebt, das Zweite Kind den zweiten Reiki-Grad und das dritte Kind hat den Reiki-Meistergrad miterlebt. Jetzt könnten wir uns wieder fragen: »Was ist mit den ungeborenen Kindern?«

Die Mutter hat alle Reiki-Grade mit den dazugehörigen Einweihungen absolviert, jedes Kind aber nur einen der gerade anstehenden Reiki-Grade miterlebt. Ich vertraue da mittlerweile der Natur, und das Wichtigste ist, zu wissen, dass die Kinder alle gut geraten, gesund und munter in der

Welt aufgewachsen sind. Die Teilnehmerin „B" hat es bis heute nicht bereut. Auch kann bestätigt werden, dass es bei keinen der Reiki-Einweihungen, die innerhalb der Schwangerschaften durchgeführt wurden, irgendwelche Komlikationen gab. Alles verlief wunderbar und die Bedenken waren verschwunden.

Am Ende der ersten Schwangerschaft hatte „B" den Wunsch, dass ich sie bei der Geburt mit Reiki unterstützen sollte. Diesen Wunsch, kam ich gerne nach.

Ich weise aber ausdrücklich darauf hin, es immer individuell zu betrachten und abzuwägen.

Reiki & Geburt

Wenn der Tag heran ist, an dem die Wehen einsetzen und man als werdende Mutter in den ersten Reiki-Grad eingeweiht ist, wie „B", dann ist es meist das Letzte, woran man denkt, sich die Hände selbst aufzulegen und ganz bewusst die Reiki-Energie fließen zu lassen. Natürlich ist es meist ein Reflex, bei Schmerzen, sich die Hände aufzulegen, da die Aufmerksamkeit zum Schmerz geht. Natürlich fließt die Reiki-Energie auch etwas, selbst wenn man sich nicht bewusst darauf konzentriert, aber die Aufmerksamkeit ist meist auf den Schmerz gerichtet. So kann es ein Vorteil sein, jemanden an seiner Seite zu haben, der bewusst mit der Reiki-Energie unterstützen kann.

Bei „B" war es nun so weit, dass die Wehen einsetzten. Das Telefon bei mir klingelte und ich mich auf den Weg ins Krankenhaus machte. So stand ich in Nullkommanichts im Kreißsaal, wo „B" mittlerweile sich anstrengte, um ihr erstes Kind in den Armen halten zu können. Zwischen Schmerzen und immer wieder weiteren Untersuchungen, mit den

Nerven fast am Ende, keine Lust mehr, sich diesen Anstrengungen auszusetzen, konnte ich sie beruhigen und sie hielt durch. Die Reiki-Energie kann da beruhigend einwirken. Welche Positionen mit der Reiki-Energie zu versorgen sind? Ich denke, das ist völlig gleichgültig. Eine Geburt ist so individuell, so dass die Reiki-Energie am besten intuitiv eingesetzt werden sollte.

Eine Mutter mag es während der Geburt manchmal an der einen Stelle und im nächsten Moment an einer anderen Stelle. Letztendlich können die Hände an allen möglichen Stellen aufgelegt werden, solange es der werdenden Mutter angenehm ist. Ob nun als Kontakt-Reiki oder mit etwa 10 cm Abstand zum Körper, man sollte es ausprobieren und sich einfach leiten lassen. Die Reiki-Energie fließt immer dorthin, wo sie gebraucht wird. Sie braucht keine Anleitung, sie fließt dahin, wovon sie sich angezogen fühlt. Auch wenn nur die Hand der werdenden Mutter gehalten wird, kann die Reiki-Energie etwas für Mutter und Kind tun. Egal ob es beruhigt, den Wehenschmerz lindert, mehr Kraft gibt usw., die Reiki-Energie wird wissen, was zu tun ist.

Als Begleitperson ist es nicht immer leicht, bei der Sache zu bleiben. So ist es auch hier nur möglich, sein Bestes zu tun. Da kann schon mal das Gefühl der Hilflosigkeit hochkommen, da man die werdende Mutter nicht leiden sehen kann. Als Frau, die selbst schon im Kreißsaal gelegen hat, ist dieses Leiden einfacher nachzuvollziehen, als wenn z.B. ein Mann seine Frau leiden sieht, und nicht weiß, was er tun kann, um sie davon zu befreien.

Als Mutter weiß man, wie und wo körperliche Geburtsschmerzen auftreten und stundenlang anhalten können.

Da muss jede werdende Mutter durch, das Kind ist ja auch hineingekommen, als der Mann sich vor Monaten *ausgedrückt* hat, klein, schnell und fein, als es zur Zeugung kam. Nun liegt es an der werdenden Mutter, sich auszudrücken, nur dass, das Kind mehrere Monate Zeit gehabt hat, zu wachsen. Das ist natürlich mit Schmerzen verbunden. Aber als Frau und Mutter kann ich sagen und da werden mir viele Mütter sicherlich beipflichten: Hinterher ist dieser Schmerz schnell wieder vergessen. Ich spreche hier von einer normalen Geburt, und nicht von einer, in der es Komplikationen gibt. Ich kann hier nur aufgrund meiner

Erfahrungen und Erlebnissen berichten, dass die Reiki-Energie dabei ein wunderbarer Schwangerschafts- und Geburtsbegleiter sein kann.

Schlussendlich ist es wunderbar, wenn das Kind die Welt erblickt, es in den Armen liegt und sofort mit der Reiki-Energie mitversorgt wird. Wie das Aufsaugen der Muttermilch wird auch die Reiki-Energie aufgesaugt. Was für eine schöne Vorstellung.

So weiß ich, das Reiki immer zum Wohle aller Beteiligten wirkt. Wichtig ist, dass immer offen darüber gesprochen werden kann, wenn Bedenken aufkommen. Jeder trägt die Verantwortung für sich selbst. Auch wenn ich innerhalb meiner Ausbildung nicht gelernt habe, wie sich die Reiki-Energie bei Schwangeren und Gebärenden auswirkt, da meine Reiki-Lehrerin, diese Erfahrung bis zu diesem Zeitpunkt noch nicht hatte, so durfte ich diesen Prozess zu meinem eigenen Erfahrungsschatz hinzufügen und diese Erfahrungen weitergeben. Dafür bin ich sehr dankbar.

Reiki-Teilnehmer in den jeweiligen Reiki-Kursen und Reiki-Graden bekommen dieses Wissen mit auf ihren Weg. Ich denke, dass die Reiki-Methode auch aufgrund der gemachten Erfahrungen überall in der Welt lebt und immer noch gerne gelernt wird.

Ich bitte zu beachten, dass es bei Komplikationen innerhalb der Schwangerschaft immer ratsam ist, einen Arzt zu konsultieren.

Reiki & Schwangerschaft

Innerhalb einer Schwangerschaft wollen die werdenden Mütter es sich selbst und dem Kind so angenehm wie möglich machen, um sich auf die Geburt vorbereiten zu können. Dazu ist eine Vielfalt von Angeboten zu finden. Heute gibt es mehr als nur »Hechelkurse«, wie ich sie gerne nenne. Viele Frauen setzen sich bewusst damit auseinander, bereiten sich vor, auf das, was innerhalb der Schwangerschaft, Geburt und danach kommt.

Es gibt werdende Mütter, die zum Beispiel Akupunktur als Angebot wahrnehmen, diese aber aus den verschiedensten Gründen nicht immer vertragen. Sie suchen dann andere Möglichkeiten und die Reiki-Methode ist eine davon. Reiki-Energie kann eine wunderbare Ergänzung und Unterstützung sein. Das erlebte ich hier in meiner Praxis schon einige Male. Da gab es hochschwangere Frauen, die auf Akupunktur negativ reagierten und die Reiki-Methode als Alternative entdeckten. So begleitete ich diese Frauen, innerhalb ihrer Schwangerschaft mit Unterstützung der Reiki-Energie.

Auch hier ist jede schwangere Frau sehr individuell zu betreuen, da jede individuell auf die Reiki-Energie reagiert.

Des Weiteren sollte auch die Reiki-Anwendung individuell durchgeführt werden. Die werdenden Mütter können meist nicht lange in Rückenlage auf einer Anwendungsliege liegen, sondern verändern oft ihre Liegeposition. Auf dem Bauch können sie im fortgeschrittenen Stadium schon gar nicht liegen. So ist immer abzuklären, ob das Liegen für die Reiki-Anwendung in Ordnung für sie ist, oder man die schwangere Frau besser auf einen Stuhl setzt, um sie dort mit der Reiki-Energie zu verwöhnen. Ich bin der Meinung, alles ist gut, wenn es für die werdende Mutter in Ordnung ist.

Wenn es einer schwangeren Frau auf der Liege angenehm ist, zu liegen, ich also die vordere Körperseite mit der Reiki-Energie verwöhnen darf, kann ich beobachten: Je näher ich mit meinen Händen dem Kind im Bauch komme, bewegt sich das Kind meist, als würde es die Reiki-Energie spüren und am liebsten danach greifen. Lege ich meine Hände auf den wohlgeformten Bauch einer werdenden Mutter, ist es ein wunderbares Vertrauensgeschenk, zu spüren, wenn das Kind mit seinem kleinen Körper unter den aufgelegten

Händen reagiert. Meist bestätigen die Mütter, dass, wenn sie die Reiki-Energie spüren, die Kinder im Bauch wach werden und in Bewegung kommen. Es ist eine sehr schöne Erfahrung.

Ich möchte dazu sagen, dass jede werdende Mutter das für sich findet, was ihr guttut, egal was es ist. Es ist gut, dass Mütter auf ihrem Körper und ihren Bauch hören. So kann ich jedem Reiki-Anwender nur raten, mit der Reiki-Energie intuitiv zu arbeiten. Lasst euch von den Händen führen und leiten, die Reiki-Energie macht den Rest.

Reiki für Mutter & Kind

Über die Monate, die eine Schwangerschaft dauert, gewöhnt sich die werdende Mutter immer mehr an ihren Zustand. So bekommt das Kind schon jetzt viel Aufmerksamkeit, die Mutter fängt an, das Nest zu fertigen und alles Dazugehörige einzurichten. Aber eine werdende Mutter unterliegt auch den eigenen Stimmungen, die nicht nur für die werdende Mutter, sondern auch für das gesamte Umfeld nicht immer leicht auszuhalten sind.

Ich werde hier zwei Reiki-Visualisierungsreisen anbieten, die entspannen und gleichzeitig die Reiki-Energie zur werdenden Mutter und dem Kind fließen lassen. Vielleicht ist die werdende Mutter mit der Reiki-Energie vertraut, da sie schon in einen der drei Reiki-Grade eingeweiht ist. Dann kann sie sich selbst die Hände auflegen und die Reiki-Energie fließen lassen, wenn du die Reiki-Visualisierungsreise vorliest. Oder du legst eine Hand, als Reiki-Geber und Vorleser, an einer vereinbarten Körperstelle der Mutter ab, damit die Reiki-Energie während des Vorlesens über dich hineinfließen kann. Es sollte für dich als Reiki-Geber als auch für die Mutter angenehm sein. Wenn die werdende Mutter nicht mehr liegen kann, sollte sie sich einfach auf die Seite legen oder sich in eine angenehme Position begeben, auch wenn du als Reiki-Geber und Vorleser die Position mit der aufgelegten Hand ebenso verändern musst. Keiner sollte sich quälen müssen.

Als Vorbereitung ist es ratsam, dass die werdende Mutter sich auf eine Liege oder auf einen Stuhl niederlässt. Sie sollte es sich bequem machen. Halte eine Decke und Kissen für Kopf und Beine bereit. Als Untermalung kann auch Entspannungsmusik laufen. Vereinbart beide vorher, wo du deine Hand am Körper der werdenden Mutter ablegen darfst und wo nicht.

Visualisierungsreise »Mutter & Kind«

Du gibst Reiki und liest vor – die werdende Mutter selbst kann kein Reiki.

Entspannungseinleitung

Schließe deine Augen und gehe mit deiner Aufmerksamkeit zu deinem eigenen Atemrhythmus. Mit jedem Atemzug sinkst du tiefer und tiefer in die Entspannung hinein. Ich werde dich auf dieser Reiki-Visualisierungsreise begleiten und dich mit der Reiki-Energie unterstützen. Es kann sein, dass du in deinem Körper etwas wahrnimmst, wie z.B. Wärme, Kribbeln, ein fließendes Gefühl oder Ähnliches. Wenn dir irgendetwas unangenehm sein sollte, weil dein Körper es anzeigt, gebe mir kurz Bescheid, damit du die Möglichkeit hast, deine Position zu ändern. Ansonsten solltest du versuchen, einfach zu entspannen und zu genießen.

Ich werde mich jetzt auf die Reiki-Energie einstimmen, damit die Reiki-Energie durch mich als Kanal in dich und durch dich fließen kann. Sei entspannt und gelassen während dieser Anwendung und Reiki-Visualisierungsreise.

Du spürst vielleicht die Stelle, wo meine Hand sich an deinem Körper befindet. Bleibe mit deiner Aufmerksamkeit bei deinen Atemzügen. Ich lasse nun die Reiki-Energie einfach durch meine Hand zu dir fließen. Es ist wie eine Eintrittspforte für die Reiki-Energie, die dir das Gefühl geben kann, dass sich innerlich in den nächsten Minuten etwas tut, zum Wohle aller Beteiligten.

Visualisierungsreise

Spüre genau an die Stelle hin, wo sich meine Hand befindet, und nimm wahr, was du dort spürst. Unterstütze nun mithilfe deiner Vorstellungskraft, dass diese Reiki-Energie sich langsam einen Weg durch deinen Körper bahnt.

Vielleicht spürst du etwas an den verschiedenen Stellen. Spüre, wie die Reiki-Energie durch deinen Oberkörper –

Brustbereich – Bauchbereich – Rückenbereich – Halsbereich – Kopf – beide Arme – Hände – Wirbelsäule – Hüftbereich – beide Beine und Füße, fließt.

Nimm wahr, wie dein ganzer Körper sich mit der Reiki-Energie auflädt, sich auch all deine Organe, Muskeln und Zellen energetisch aufladen. Sie regelrecht vor Energie strotzen und anfangen zu leuchten. Sie leuchten mittlerweile so stark, dass du dir vorstellen kannst, dass es durch deine Haut schimmert, als leuchtest du von innen nach außen.

Gehe nun mit deiner Aufmerksamkeit auf den momentan wichtigsten Teil deines Körpers, deinen Bauch. Du bist nicht allein, dein Kind, das du unter deinem Herzen trägst, ist pure Liebe. Vielleicht spürst du die Kindesbewegungen und erfreust dich daran.

Stelle nun den Kontakt zu deinem Kind her, indem du es gedanklich begrüßt. Dein Kind kann deine Gedanken hören und fühlen. Lege, wenn du möchtest deine Hände auf deinen Bauch. Spüre in dich hinein und nimm wahr, was in deinem Bauch gerade so alles geschieht.

Nimm die Reiki-Energie wieder wahr, die im Moment durch mich als Kanal in deinen Körper fließt. Die Reiki-Energie fließt jetzt ganz bewusst auch durch den kleinen Körper deines Kindes. Stelle es dir bildlich einfach vor, wie es durch mich als Kanal in dich einfließt und durch die Nabelschnur in und durch dein Kind fließt.

Auch hier kann es sehr förderlich sein, dir einfach vorzustellen, wie die Reiki-Energie durch den kleinen Bauchraum – Rückenbereich – Kopf – Arme – Wirbelsäule – Unterkörper – Beine und Füßchen fließt. Die Reiki-Energie fließt auch in die kleinen Organe, Muskeln und in jede Zelle des Körpers.

Der ganze Körper deines Kindes leuchtet immer mehr, weil es die Reiki-Energie in sich aufsaugt. Das Leuchten strahlt bis in deinen eigenen Bauchraum. Die Reiki-Energie verbindet dich auch hier als werdende Mutter mit deinem Kind.

Vielleicht kannst du spüren, wie es deinem Kind mit der Reiki-Energie geht, die durch euch beide fließt. Nimm alles wahr, was dir in den Sinn kommt. Ein einziger leuchtender Energiekreislauf. Genieße diesen Zustand und sei dir sicher, dass die Reiki-Energie immer zu eurem Wohle wirkt.

Ausleitung

Nun verabschiede dich von diesem Bild und komme mit deinem Bewusstsein wieder ins Hier und Jetzt. Spüre meine Hand an deinem Körper, wo immer noch die Reiki-Energie fließt. Konzentriere dich auf deinen entspannten Atemrhythmus und sei dir der Umgebung hier immer mehr bewusst, wo du dich befindest.

Wenn ich meine Hand von deinem Körper nehme, nimm du selbst noch einmal drei tiefe Atemzüge, bevor du deine Augen wieder öffnest. Du kommst ruhig und entspannt hier an.

Im Nachhinein ist ein Austausch zum Erlebten immer hilfreich.

Visualisierungsreise »Mutterliebe«

Alternative zu »Mutter & Kind«

Die werdende Mutter selbst ist in die Reiki-Methode eingeweiht.

So kann sie sich selbst, während der Reiki-Visualisierungsreise, ihre Hände auflegen und die Reiki-Energie fließen lassen. Natürlich ist es auch möglich, dass die werdende Mutter und du als Reiki-Geber und Vorleser gleichzeitig Reiki fließen lassen. Sich intuitiv darauf einzulassen, kann Vieles ermöglichen.

Entspannungseinleitung

Ich werde dich für die nächsten Minuten auf dieser Reiki-Visualisierungsreise begleiten und anleiten. Vielleicht nimmst du in deinem Körper etwas wahr, wie z.B. Wärme, Kribbeln, ein fließendes Gefühl oder Ähnliches. Wenn dir irgendetwas unangenehm sein sollte, weil dein Körper es anzeigt, gebe mir kurz Bescheid, damit du die Möglichkeit hast, deine Position zu ändern oder zu unterbrechen. Ansonsten solltest du versuchen, einfach zu entspannen und zu genießen.

Schließe deine Augen und stimme dich mental auf die Reiki-Energie ein, damit sie bewusst durch dich fließen kann. Lege deine Hände auf deinen Bauch und lasse die Reiki-Energie einfach durch deine Hände in deinen Körper fließen.

Spüre genau hin, was du wahrnimmst. Stelle dir mithilfe deiner Vorstellungskraft vor, dass die Reiki-Energie sich in deinem Körper seinen Weg sucht. Nimm wahr, wie sich die Reiki-Energie ausbreitet. Spüre, wie die Reiki-Energie durch deinen Oberkörper – Brustbereich – Bauchbereich – Rückenbereich – Halsbereich – Kopf – beide Arme und Hände – Wirbelsäule – Hüftbereich – beide Beine – beide Füße, fließt.

Nimm wahr, wie dein ganzer Körper sich mit der Reiki-Energie auflädt, sich all deine Organe, Muskeln und Zellen *energetisch aufladen und regelrecht vor Energie strotzen und anfangen zu leuchten. Sie leuchten mittlerweile so stark, dass du dir vorstellst, dass es durch deine Haut schimmert, als leuchtest du von innen nach außen.*

Visualisierungsreise

Gehe mit deiner Aufmerksamkeit auf deinen momentan schönsten oder wichtigsten Teil deines Körpers, deinen Bauch. Du bist nicht allein, dein Kind, das du unter deinem Herzen trägst, ist pure Liebe. Vielleicht spürst du schon die Kindesbewegungen und erfreust dich daran.

Stelle nun den Kontakt zu deinem Kind her, indem du es gedanklich begrüßt oder in deinen Armen trägst und ihm ein Kuss auf die Stirn gibst. Dein Kind kann deine Gedanken hören und fühlen.

Nimm die Reiki-Energie wieder wahr, die in diesem Moment durch deinen Körper fließt. Die Reiki-Energie fließt jetzt ganz bewusst über die Nabelschnur auch durch den kleinen Körper deines Kindes. Auch hier kann es sehr förderlich sein, dir einfach vorzustellen, wie die Reiki-Energie durch den kleinen kindlichen Körper - den Bauchraum –

Rückenbereich – das Köpfchen – beide Arme – die Wirbelsäule – den Unterkörper – deine Beine, und die kleinen Füßchen fließt.

Ebenso in die kleinen Organe, Muskeln und alle Zellen des Körpers. Der ganze Körper deines Kindes strahlt wie Millionen kleiner Sterne durch die Reiki-Energie. Das Strahlen, weitet sich bis in deinen Bauchraum aus. Die Reiki-Energie verbindet euch beide.

Vielleicht kannst du spüren, wie es deinem Kind mit der Reiki-Energie geht, die durch euch beide in diesem Moment fließt. Ein einziger strahlender Energiekreislauf. Genieße diesen Zustand und sei dir sicher, dass die Reiki-Energie immer zu eurem Wohle wirkt.

Ausleitung
Du beendest nun diese Reise mit dem Wissen, das du dich immer wieder in diesen Zustand begeben kannst, indem du dir die Hände auf den Bauch legst, um dich und dein Kind mit der Reiki-Energie zu verwöhnen.

Du kommst mit deinem Bewusstsein wieder ins Hier und Jetzt. Konzentriere dich auf deinen entspannten Atemrhythmus und sei dir der Umgebung hier immer mehr bewusst. Nimm du selbst noch einmal drei tiefe Atemzüge, bevor du deine Augen wieder öffnest. Komme ruhig und entspannt hier an.

Der Reiki-Maler im Haus

Berufsveränderung mit Hilfe der inneren Vorstellung einmal anders. Werde zum Reiki-Maler. Wir kennen das alle: Das Haus, die Wohnung, die Praxis, das Geschäft oder Ähnliches braucht wieder eine Reinigung. Es muss vom sichtbaren Dreck gesäubert werden, ab und zu renoviert werden und auch das energetische Reinigen durch Räuchern ist hilfreich. In der heutigen Zeit, mit dem Verständnis zum eigenen Zeitmanagement, ist es das, was meist auf der Strecke bleibt. Putzen, Reinigen, Renovieren usw. alles kostet Zeit, Kraft und Energie. Ja, es gibt Menschen, die das Putzen lieben, andere haben den Luxus, putzen zu lassen. Aber all das ist nur der äußere Dreck. Es gibt auch den Schmutz, der nicht sichtbar ist und sich trotzdem auf die Bewohner, Gäste, Klienten oder Patienten auswirkt. Die meisten denken darüber nicht nach, weil es vielleicht auch nicht in ihrem Bewusstsein ist. Das kann man ihnen nicht verübeln. Wer hingegen das Wissen hat, wird damit arbeiten. Dann heißt es, Vorsorgen für die energetische Raumreinigung. Putzen, was das Zeug hält, ohne den Lappen oder Staubwedel zu schwingen.

Energien sind immer in Bewegung, wir bringen sie mit, wir nehmen sie auf und verbreiten sie auch. Dagegen gibt es keine Impfung. Schlechte Laune, von der wir uns anstecken lassen, begleitet uns immer so lange, wie wir dafür die Entscheidung treffen, sie ausleben zu wollen, sie selbst weiter zu verbreiten, um wieder andere mit schlechter Laune anzustecken. Meist, wenn wir selbst wenig Energie zur Verfügung haben.

Ist jemand positiv im Leben unterwegs, trägt er viel Lebensfreude in sich und ist meist immun gegen schlechte Laune anderer. Für mich ist die Lebensfreude der beste Impfstoff, den man haben kann. Aber viele lassen sich darauf ein, und schon befindet man sich auf einem Level der schlechten Laune. Na Klasse!

Da kommt man in einen Raum, wo die Luft zum Schneiden ist, auch wenn man nicht weiß, warum, und trotzdem ist es spürbar. Auch hier kann diese Energie etwas mit Einem machen, wenn man sich darauf einlässt. Alles, was sich negativ anfühlt, drückt sich wie ein Fußabdruck hinein. Also ist es ratsam, nicht nur rein äußerlich zu putzen, sondern auch energetisch zu reinigen. Das klärt die Atmosphäre ungemein. Probiere es aus. Natürlich können da auch Kräuter zum Räuchern viel bewirken und unterstützen.

Hier werde ich mich auf das Reinigen mit der Reiki-Energie konzentrieren. Dazu ist es egal, welchen Reiki-Grad jemand besitzt. Wer in den zweiten Reiki-Grad eingeweiht ist, kann zusätzlich mit den Reiki-Symbolen arbeiten. Wer den ersten Reiki-Grad hat, benutzt die Hände, die Energie und seine Vorstellung, wie bei einer Visualisierungsreise.

So ziehe nun gedanklich dein Maleranzug an und mach dich auf, zu reinigen, energetisch neu zu streichen und alles neu zu erleben.

Visualisierungsreise »Reiki Maler«

Entspannungseinleitung

Schließe deine Augen und gehe mit deiner Aufmerksamkeit zu deiner Atmung. Mit jedem entspannten Atemzug entspannst du deinen Körper und deinen Geist. Du lässt mit jedem entspannten Atemzug alles los, was dir gerade in den Sinn kommt. Du atmest entspannt einige Male ein und wieder aus.

Stelle dir einen ruhigen und entspannten Ort vor, der sich in deinem Inneren befindet. Aktiviere die Reiki-Energie, dass sie durch dich fließen und zum Wohle aller Beteiligten wirken kann. Sei der Kanal für die Reiki-Energie und fühle, wie die Reiki-Energie durch dich entspannt und kraftvoll zugleich hindurchfließt.

Visualisierungsreise

Gehe mit deiner Aufmerksamkeit zu dir nach Hause und sieh, wie du einem Maleranzug anziehst und mit deinem

Malerzeug jetzt bereit bist, mit der Reiki-Energie zu malern, zu reinigen und alles energetisch zu erneuern.

Stelle dich gedanklich in die Mitte eines Raumes bei dir zuhause, von dem du jetzt gerade denkst, er könnte eine energetische Reinigung gebrauchen.

Neben dir steht ein Eimer mit energetischer Farbe und mit einem breiten Pinsel oder einer großen Farbrolle. Stelle dir vor, du rührst diese Farbe ein wenig in diesem Eimer um und legst den Pinsel beiseite.

Du legst dann über den Eimer deine Hände, ohne dass du die Farbe berührst, konzentrierst dich auf die Reiki-Energie, dass sie nun durch deine Hände fließen möge. Die Reiki-Energie lässt du nun einfach über deine Hände in den Farbeimer fließen. Vielleicht kannst du die Energie sehen, wie kleine leuchtende Funken, die in die Farbe eintauchen. Lasse sie weiter hineinfließen. Beobachte die Farbe in deinem Farbeimer genau.

Verändert sich vielleicht die Farbe? Wenn ja, welche Farbe entwickelt sich durch die Reiki-Energie in deinem Farbeimer? Vielleicht gibt es auch mehrere Farben? Beobachte und lasse die Reiki-Energie einfließen.

Nun ist dein energetischer Farbeimer mit Reiki-Energie aufgefüllt und du kannst dich ans Werk machen, deinen gewählten Raum, damit zu streichen.

Du nimmst deinen Pinsel oder deinen Farbroller, tauchst ihn in den Energiefarbeimer und spürst, wie leicht die Farbe aufgenommen wird. Dann fängst du an, deine Wände mit einer Leichtigkeit und Schnelligkeit zu streichen, wie du es zuvor noch nie erlebt hast.

Wie von selbst lässt sich die Reiki-Energiefarbe an die Wand bringen. Als würden die Wände die Reiki-Energiefarbe nur so anziehen, weil sie es brauchen, wie Nahrung. Die Reiki-Energiefarbe zieht sich durch die Wände und breitet sich wie von Zauberhand selbst aus, in einer Gleichmäßigkeit, wie Zauberfarbe mit Hokuspokus.

Innerhalb kürzester Zeit hast du deinen Raum mit der energetischen Reiki-Energiefarbe gestrichen.

Als du dein Werk bestaunst und dich immer noch etwas wunderst, stellst du dich in die Mitte des Raumes und schaust dich um. Du schließt gedanklich deine Augen, hältst deine Handinnenflächen nach oben ausgestreckt, einfach in den Raum und konzentrierst dich noch einmal bewusst auf die Reiki-Energie. Lasse sie aus deinen Händen fließen und sich im Raum verteilen. Wie von selbst sprüht die Reiki-Energie aus deinen Händen an die Wände, wie Glitzerstaub.

Dann bedankst du dich bei der Reiki-Energie für diese Leichtigkeit, die neue Farbe und Energie hier in diesen Raum zu bringen. Gedanklich öffnest du deine Augen und bewunderst dein Werk.

Fühle genau in dich hinein, wie es sich hier in diesem Raum jetzt anfühlt. Dieses Gefühl nimmst du in dich auf und freust dich auf die nächste Zeit, die du hier verbringen kannst, in diesem Raum. Du verlässt mit dem Eimer, Pinsel und

Farbroller den Raum, ziehst deinen Maleranzug aus und löst dich von dem wunderbaren Bild.

Ausleitung

Du kannst jederzeit weitere Räume mit energetischer Reiki-Energiefarbe streichen und mit der Reiki-Energie aufladen, bis du deine Wohnung, dein Haus, deine beruflichen Räumlichkeiten oder Ähnliches vollständig gestrichen hast.

Komme mit deinem Bewusstsein wieder ins Hier und Jetzt. Du spürst deinen Körper, wie er selbst durch die Reiki-Energie aufgeladen wurde. Du spürst deine Füße, deine Arme und vor allem dein Bewusstsein im Hier und Jetzt. Nimm noch einmal drei tiefe Atemzüge, bevor du deine Augen langsam wieder öffnest.

Der Austausch im Nachhinein ist sehr hilfreich. Welche Farbe hatte der energetische Farbeimer? Welchem Raum hast du dich als Erstes hingewendet? Das könnte Aufschluss darüber geben, was gerade wichtig ist. Vielleicht kennst du dich mit Farben und ihren Bedeutungen aus. Vielleicht spüren Besucher, Gäste, Klienten ja auch eine Veränderung in den Räumlichkeiten. Je intuitiver, feinfühliger ein Mensch ist, desto eher kannst du von ihm Resonanz bekommen. Lasse dich überraschen und erfreue dich an dem, was du alles energetisch erneuert hast.

Besuch im Reiki-Energie-Café

Wie passen Reiki und ein Cafébesuch zusammen? Für den einen eher wenig, für den anderen vielleicht etwas mehr. Es liegt eben immer im Sinne des Betrachters. Mir kam die Idee, etwas Passendes hierfür zu kreieren. Für die meisten Menschen ist das Käffchen, die Latte Macchiato, der Cappuccino oder ein genussvoller Tee eine wichtige und auch entspannende Auszeit. Bei einem geliebten Heißgetränk werden unter anderem Gespräche geführt, sich ausgeruht, und vieles mehr, wenn zum Beispiel das Koffein sein Bestes tun soll.

Kaffee Getränke gibt es in den verschiedensten Sorten und Ausführungen, daraus wird eine Wissenschaft gemacht, wie die Kunst des Brühens und des Verzierens. Da gibt es die Varianten des klassischen »Cafe Americano«, einfach nur schwarz wie die Nacht, mit Milch, gesüßt, als Milchgetränke, wie Latte Macchiato oder Cappuccino, oft noch sirupisiert in den verschiedensten Geschmacksrichtungen. Heute ist für jeden etwas dabei.

Ich habe mich vom Kaffee-Fieber selbst erst als Erwachsene anstecken lassen, seit es Latte & Co gibt. Vorher war es einfach nur ein bitteres Zeug und bäh für mich. Heute sieht die Sache anders aus. Ich genieße es sehr und sitze, wie auch in diesem Moment gerne in einem Café. Ob allein oder in Gesellschaft, ich verwöhne mich mit diesem Getränk. Bei den kalten Temperaturen wärmt es nicht einfach nur. Für mich geht es darum, es zu genießen. So wie in diesem Moment, bei einer Kälte von -5 Grad Celsius. Ein kalter Vormittag, wo das Herz und der Körper, erwärmt werden möchte. Da sitzt man vor einem Heißgetränk, wärmt sich die Hände und die Finger am Glas oder der Tasse, weil es zum Trinken, noch zu heiß ist.

Also die Hände an das Latte Macchiato-Glas und im selben Moment wird man sich darüber bewusst, dass, wenn man die Reiki-Methode im Alltag praktiziert, dem Getränk bewusst Reiki gibt. Mit der Reiki-Energie, das Getränk »aufpimpt«, und sich energetisch auflädt, woraufhin das Heißgetränk bekömmlicher ist, besser schmeckt, oder Ähnliches. Die Reiki-Energie ist eine wundervolle Möglichkeit, etwas zu bewirken, auch wenn man sich dessen nicht immer bewusst ist, was es alles bis ins kleinste

Detail wirklich anstellt. Hauptsache ist doch, dass es uns bewusst ist, das etwas geschieht. Ist es zum Wohle? Davon gehe ich aus!

In der heutigen Zeit scheint Stress etwas Normales zu sein, was es nicht ist. Natürlich gibt es positiven Stress, es gibt aber auch negativen Stress, der, wenn er nicht ausbalanciert wird, sich körperlich und seelisch niederschlagen kann. Die Wenigsten wollen dann auf Kaffee oder Ähnlichem verzichten. Mit der Reiki-Energie können wir der bewussten Entschleunigung entgegenkommen. Wenn das Heißgetränk mit Reiki-Energie aufgeladen wird, kann es vielleicht bekömmlicher sein. Probieren geht über Studieren!

So auch meine Eingebung für diese Reiki-Visualisierungsreise anzuwenden, beim nächsten Kaffeekränzchen oder Café Besuch. Also viel Spaß dabei beim „Energie-Kaffee im Energie-Café"

Visualisierungsreise »Energie-Café«

Entspannungseinleitung

Schließe deine Augen und gehe mit deiner Aufmerksamkeit zu deiner Atmung. Mit jedem entspannten Atemzug entspannst du deinen Körper und deinen Geist. Du lässt mit jedem entspannten Atemzug alles los, was dir gerade in den Sinn kommt. Du atmest entspannt einige Male ein und wieder aus.

Stelle dir einen ruhigen und entspannten Ort vor, der sich in deinem Inneren befindet. Aktiviere die Reiki-Energie, dass sie durch dich fließen und zum Wohle aller Beteiligten wirken kann. Sei der Kanal für die Reiki-Energie und fühle, wie die Reiki-Energie durch dich entspannt und kraftvoll zugleich hindurchfließt.

Visualisierungsreise

Stelle dir vor, du bist an irgendeinem Ort unterwegs und hast in diesem Moment das Gefühl, du brauchst ein

Heißgetränk. Egal ob es ein Kaffee, ein Tee oder Ähnliches sein darf. Du schaust dich auf der Straße um, und entdeckst ein Café, das dich innerlich anspricht, dich magisch anzieht.

Du gehst genau darauf zu und betrittst das Café, durch die geöffnete Eingangstür. Es kommt dir ein sehr angenehmer Kaffee- und Kuchenduft entgegen, er steigt dir in die Nase und du atmest diesen süßen Duft, der sich in der Luft befindet, tief ein. Die Spucke läuft dir fast im Mund zusammen.

Ein sehr angenehmes Licht empfängt dich sowie eine zarte musikalische Untermalung. Ein leichtes Treiben zwischen Angestellten und Gästen, um diese mit ihren Bestellungen zu befriedigen.

Du entdeckst einen kleinen freien Tisch, der dich magisch anzieht und du dich dort niederlässt. Atme tief und entspannt ein und aus, lege deine Utensilien ab, nimm die vor dir liegende Karte in die Hand, um zu schauen, was du in diesem wunderbaren Café bestellen möchtest.

Du suchst dir ein Heißgetränk aus, wonach es dir gerade gelüstet, vielleicht noch etwas Kleines zum Verzehr, wie ein Snack oder ein Stück Kuchen. Da steht auch schon die Bedienung an deinem Tisch und begrüßt dich höflich, mit ihrer sehr angenehmen Stimme, und fragt dich, mit was sie dich beglücken darf. Du sagst ihr, für was du dich entschieden hast, und verspürst die Vorfreude, die sich in dir ausbreitet.

Einige Augenblicke später steht die nette Bedienung wieder mit deiner Bestellung neben dir und stellt alles ab. Sie wünscht dir einen wunderbaren Genuss und verschwindet wieder zu den anderen Gästen.

Du schaust dir dein Heißgetränk an, du siehst, wie es dampft, du nimmst den Geruch wahr, der dir in die Nase hochsteigt und bis in dein Gehirn vordringt und sich ausbreitet. Dort angekommen, fühlt es sich an, wie eine Belohnungsauszeit.

Du legst deine Hände, deine Finger um dein angenehm temperiertes Getränk und dir fällt ein, dass du deinem

Getränk etwas Gutes tun kannst, was wiederum dir etwas Gutes tut. Du schenkst deinem Getränk deine volle Aufmerksamkeit und lässt ganz bewusst die Reiki-Energie in das Getränk fließen. Aktiviere ganz bewusst die Reiki-Energie und lasse diese durch dich als Kanal, durch deine Arme, deine Hände in dein Getränk fließen.

Du verwöhnst es, wie es auch dich verwöhnen wird. Lasse diese Reiki-Energie ihr Bestes tun.

Wenn du das Gefühl hast, es ist einiges an Reiki-Energie in deinem Getränk, löse deine Hände.

Immer wenn du jetzt daran nippst und dir einen Schluck daraus gönnst, denke daran, dass es auch energetisch aufgeladen wurde. Immer wieder fließt die Reiki-Energie hinein, wenn du das Getränk in die Hände nimmst.

Vielleicht wirst du wegen der angenehmen Wärme nicht gleich spüren, dass die Reiki-Energie fließt. Sei dir bewusst und vertraue dem Prozess, dass die Reiki-Energie dort hineinfließt. Vertraue darauf, dass dir dein Getränk einfach guttut. Genieße diesen Moment, dass du etwas für dein Getränk und dich selbst tust. Es ist dir sehr angenehm und zum Wohle deines Selbst.

Jeder Schluck, den du über deine Lippen und Zunge wahrnimmst, fühlt sich sehr angenehm, weich und energetisch, für dich an. Mit dem nächsten Schluck wird dir bewusst, dass du dich selbst verwöhnst. Genieße diese Momente, bis du dein Getränk gelehrt hast.

Bedanke dich in Gedanken bei dir selbst für diese besondere Zeit, Aufmerksamkeit und Reiki-Energie. Freue dich darauf, dass dein Getränk mit der Reiki-Energie, die sich in deinem Körper, deinem Magen befindet, noch weiter wirkt, du es sehr gut verträgst und vielleicht noch einiges mehr für dich tut. Lasse es wirken und genieße es einfach.

Ausleitung

Es ist Zeit zum Aufbruch. Die Bedienung nimmt es wahr und steht im nächsten Augenblick schon an deinem Tisch. Sie erkundigt sich, ob es dir gemundet hat und alles zu deiner

Zufriedenheit gewesen ist. Du antwortest ihr aus deinem innerlichen Gefühl heraus und bedankst dich bei ihr.

Du nimmst deine Sachen und verlässt das Café mit innerlicher Freude. Draußen atmest du noch einige Male entspannt tief ein und aus. Du spürst, dass die Reiki-Energie sich in dir völlig ausgebreitet hat und mit diesem Gefühl kommst du in diesem Raum, im Hier und Jetzt wieder an. Du spürst deinen Körper, in diesem Raum hier. Du nimmst noch einige bewusste Atemzüge, bevor du deine Augen wieder langsam öffnest.

Hast du das Gefühl, du brauchst mal wieder ein Käffchen oder Ähnliches, dann begib dich in dein Café deiner Wahl und genieße es.

Reiki & Trauerarbeit

Der Verlust eines Menschen ist ein einschneidendes Erlebnis im Leben und jeder geht anders damit um. Der Prozess des Sterbens wird von jedem Menschen unterschiedlich erlebt. Diese Erfahrung erlebe ich in meiner Arbeit, mit Klienten immer wieder. Es gibt die verschiedensten Tode, die ein Mensch erlebt. Ob durch Krankheit, Unfall, Suizid, Mord oder ganz plötzlich ohne offensichtlichen Grund, im Schlaf und anderen Arten des Sterbens. Für die Hinterbliebenden ist es meist ein Schock, wenn sie sich nicht darauf vorbereiten konnten, sich mit dem Sterbeprozess auseinanderzusetzen. Der Mensch trauert um den Verlust eines Menschen oder Tieres. Hat jemand diese Welt hier verlassen, ist er für den Hinterbliebenen nicht mehr greifbar, fühlbar und eine Kommunikation ist nicht mehr möglich. Das muss erst einmal im eigenen Trauerprozess verarbeitet werden. Wer durch den persönlichen Trauerprozess geht, kann das eigene Leben wieder genießen.

Ja, wir sind traurig, manchmal auch wütend, dass wir verlassen wurden, der andere uns zurückgelassen hat, wir den Menschen wiederhaben wollen, weil wir ihn vielleicht brauchen, ohne ihn nicht leben können, kein ganzer Mensch mehr sein können, es uns das Herz zerbricht. Alles verständliche Argumente, aber für den der gegangen ist, nicht wirklich hilfreich. Ein Mensch scheidet meiner Meinung nach nicht ohne Grund aus dem Leben. Vielleicht war das Ziel im Leben erreicht, der Seelenplan erfüllt, der Auftrag erledigt. Wie auch immer man es nennen würde, es steckt immer ein Sinn dahinter. Wie gesagt, »dahinter«: er ist meist nicht offensichtlich, sichtbar, erklärbar, liegt eben nicht immer gleich offen auf der Hand. Setzt man sich damit mehr auseinander, versteht man die Seele eines Menschen vielleicht anders.

Als Hinterbliebene gibt es verschiedene Möglichkeiten und Unterstützung, um durch das Trauertal zu kommen. Jeder Hinterbliebene braucht seine eigene Zeit, bis er mit dem Trauerprozess durch ist. Es wird immer wieder Momente geben, die einen durch die Erinnerungen traurig werden lässt, wo Tränen vergossen werden. Das ist völlig in Ordnung. Erinnerungen sind schön und können sehr heilsam sein. Daher sollten diese Momente angenommen werden. Es gibt das Licht am Ende des Tunnels, für den Menschen, der hierbleibt, wie auch für die Seele des Menschen, der seinem Körper verlassen hat, um »Nach Hause zu gehen«.

Das worauf ich mich hier konzentrieren möchte, soll für Menschen sein, die sich dem Prozess des Trauerns stellen und die Unterstützung annehmen möchten.

Der Prozess des Sterbens ist für Angehörige nicht immer einfach mitzuerleben, da auch hier Aspekte wie Ratlosigkeit, Hilflosigkeit und auch Ängste im Vordergrund stehen können.

Vielleicht fragt man sich, was man für einen sterbenden Menschen noch tun kann, wie man sich verabschieden kann, damit der Mensch sich ohne schlechtes Gewissen auf seinen neuen Weg machen kann. Es ist auch für einen sterbenden Menschen nicht leicht, die Menschen, die ein Teil seines Lebens waren, hier zurückzulassen, nicht mehr Teil des Lebens zu sein und es gemeinsam gestalten zu können. Auch, dass der Sterbende das Leiden und die

Traurigkeit spürt, ist für ihn alles andere als leicht zu erleben. Aber so ist jede Seite mit seinen Gefühlen und Gedanken nicht allein und gleichzeitig in seinem eigenen Prozess auf dem Weg, der gerade auf ihn wartet.

Für den Sterbenden, wie auch Hinterbliebenen kann es hilfreich sein, wenn Dinge geklärt sind, Themen an- und ausgesprochen sind und es in Ordnung ist, dass man gehen darf und der Rest den Hinterbliebenen ins eigene Leben nach vorne schaut. Das ist immer eine große Herausforderung.

Wie kann Reiki hier nun helfen?

So traurig es ist, kann die Reiki-Energie hier für sich als der Hinterbliebene selbst und für den Prozess des Sterbenden genutzt werden, damit er seinen Weg mit und in Liebe gehen kann. Jedes ausgesproche oder gedankliche Festhalten lässt den Menschen das Sterben schwerer erleben. Er kann nicht richtig loslassen, weil es noch Menschen im Umfeld gibt, die zum Beispiel noch unbewusst an ihm zerren, ohne die Person nicht mehr leben zu können usw. Der Zwiespalt zwischen Festhalten und Loslassen ist ein Akt zwischen Liebe und Egoismus. Aber sind wir mal ehrlich. Wir würden uns doch alle wünschen, mit Liebe unseren letzten Weg zu gehen, als dass jemand versucht, uns mit allen möglichen Argumenten hierzubehalten. Keiner wird behaupten, es sei ein leichter Weg. Aber es gibt einen Weg, den jeder für sich selbst finden sollte.

Mit Hilfe der Reiki-Energie kann dieser Weg für den Hinterbliebenen unterstützend wirken. Diese Reiki-Visualisierungsreise sollte mehrmals durchgeführt werden, damit die dadurch entstandenen positiven Gefühle sich festigen können.

Visualisierungsreise »Ich lasse dich gehen«

Entspannungseinleitung

Schließe deine Augen und gehe mit deiner Aufmerksamkeit zu deiner Atmung. Mit jedem entspannten Atemzug entspannst du deinen Körper und deinen Geist. Du lässt mit jedem entspannten Atemzug alles los, was dir gerade in den Sinn kommt. Du atmest entspannt einige Male ein und wieder aus.

Stelle dir einen ruhigen und entspannten Ort vor, der sich in deinem Inneren befindet. Aktiviere die Reiki-Energie, dass sie durch dich fließen und zum Wohle aller Beteiligten wirken kann. Sei der Kanal für die Reiki-Energie und fühle, wie die Reiki-Energie durch dich entspannt und kraftvoll zugleich hindurchfließt.

Visualisierungsreise

In deiner Entspannung lege deine Hände auf dein Herz und deinen Bauch, lasse die Reiki-Energie für dich dort hinfließen. Fülle dein Körper, bis in die kleinste Rundung, mit der Reiki-Energie auf. Das hier tust du für dich, weil du im Moment vielleicht so viele Gefühle zu verarbeiten hast, dass es wichtig ist, dir in diesem Moment selbst nahe zu sein und dir etwas Gutes zu tun.

Genieße es und spüre, wie sich dein Herz mit der Reiki-Energie füllt, wie es durch die Herzwand anfängt, auszustrahlen. Dieses Strahlen wird durch deinen Brustkorb nach außen dringen und in deinem energetischen Feld wirken können.

Nun lege beide Hände auf deinen Bauch, egal ob nebeneinander oder übereinander. Folge deiner Intuition und deinem Impuls. Wenn deine Hände so auf deinem Bauch liegen, lasse die Reiki-Energie bewusst in deinen Bauch hineinfließen.

All deine Bauchorgane und alles, was sonst noch dazugehört, versorgst du mit der Reiki-Energie. Wie dein Magen, deine Milz, deine Leber, deine Bauchspeicheldrüse, deine Galle, deine Nieren, dein *kompletter Darm. In allem, was sich in dir befindet, bis in die Blutgefäße, in die kleinsten Zellen deines Körpers fließt die Reiki-Energie hinein. Sie wird dir helfen alle Emotionen, mit denen du dich im Moment auseinandersetzen darfst, zu heilen, so gut wie es gerade möglich ist.*

Du bist völlig entspannt und aufgeladen, so dass es nun an der Zeit ist, dich gedanklich an einen Ort zu begeben, an dem du dich wohlfühlen kannst. Das kann ein Ort sein, an dem du schon oft warst, ein Ort, an dem du denkst, dass du dich wohlfühlen würdest. Nimm den Ort, der dir als Erstes in den Sinn kommt, und mache es dir dort bequem.

Lege dir gedanklich und ebenso bildlich die Hände auf deinen Bauch. Lasse auch hier die Reiki-Energie hineinfließen und genieße es, an diesem Ort zu sein. In deinen Gedanken, hier an diesem Ort, lädst du nun die Person ein, die sich in ihrem Übergangsprozess befindet, um über die Regenbogen-Lichtbrücke gehen zu können.

Vielleicht kannst du die Person mit deinen Sinnen sehen oder wahrnehmen. Du erkennst, dass es der Person sehr gut geht, also wundere dich nicht, wenn es in der realen Welt anders ist als hier an diesem gewählten Ort.

Bitte die Person, sich zu dir zu gesellen und nimm dir die Zeit, mit deinem Gegenüber zu kommunizieren. Du hast hier direkten Zugang zu der Seele der Person, um ihr Folgendes zu sagen: »Ich danke dir, dass wir uns kennenlernen durften und Zeit miteinander verbringen konnten. Ich darf für mich lernen, zu akzeptieren, dass deine Zeit jetzt gekommen ist, wieder mit deiner Seele über die Regenbogen-Lichtbrücke nachhause zu gehen. Ich werde dich gehen lassen, weil mir jetzt bewusst ist, dass auch ich irgendwann einmal diesen Weg gehen werde, und wir uns wieder sehen und wieder vereint sein werden. Ich danke dir für all die gemeinsamen Erfahrungen und werde dich in meinem Herzen in Erinnerung behalten. Wenn wir beide einen Seelendeal füreinander hatten, dann ist er erfüllt worden. Ich wünsche dir auf deinem Weg über die Regenbogen-Lichtbrücke viel Kraft und Liebe zur Weiterentwicklung deiner Seele. Ich werde dich mit liebevollen Gedanken über die Regenbogen-Lichtbrücke gehen lassen.«

Spüre, wie es dir in diesem Moment geht, und nimm diese Gefühle in dein Herz, wo es mit der Reiki-Energie in Liebe umgewandelt wird. Reicht euch beide die Hände und spüre, wie die Reiki-Energie jetzt zwischen euch hin und her fließt.

Sei dankbar für diesen Moment. Vielleicht bekommst du von deinem Gegenüber noch etwas gesagt oder du spürst einfach, was bei dir ankommt. Nimm es in Dankbarkeit voller Liebe an, wie es ist.

Spüre, wie die Reiki-Energie aus deinem Herzen durch deinen Körper nach außen strahlt. Du siehst, wie die Reiki-Energie das Herz deines Gegenübers berührt und füllt, bis auch sein Körper voller Energie strahlt. Eure Energien vereinen sich, als würdet ihr energetisch eins werden. Genießt diesen Augenblick, mit dem, was gerade hier passiert, zum Wohle für euch beide.

Lege dann deine Hände noch einmal auf dein Herz und bedanke dich bei deinem Gegenüber für das Kommen. Verabschiede dich gedanklich mit deinen eigenen Worten.

Du siehst, wie dein Gegenüber sich strahlend und freudig auf den Weg macht. In der Ferne erscheint eine Regenbogen-Lichtbrücke und dein Gegenüber begibt sich auf direktem Weg dorthin und bewegt sich langsam über diese Regenbogen-Lichtbrücke ins Licht. Mithilfe der Reiki-Energie erleichtert es ihr den Übergang ins Licht.

Du schaust, wie dein Gegenüber sich auf den Weg begibt, und du fühlst dich innerlich friedlich und ruhig dabei. Es wird dir bewusst, dass es euch beiden leichter fällt, in Liebe gehen zu können.

Du spürst die Reiki-Energie in deinem Herzen und deinem Bauch, wie sie sich entfaltet und dich in Liebe hier lässt. Du besitzt die Kraft und die Energie, durch den Abschiedsprozess zu gehen. Bleibe mit dem Gefühl in deinem Herzen und der Reiki-Energie.

Wann immer du in deinen Trauerprozess kommst, lege deine Hand auf dein Herz und deinen Bauch, denke dich an diesen Ort und erinnere dich daran, was du hier erlebt hast.

Ausleitung

Spüre nun deinen Körper und bewege ihn langsam, um dir bewusst zu werden, wo du dich im Hier und Jetzt befindest, hier in diesem Raum. Gehe mit deiner Aufmerksamkeit zu deinem Atem und konzentriere dich darauf, mit jedem Atemzug mehr und mehr hier anzukommen. Nimm noch einmal drei bewusste Atemzüge, bevor du deine Augen wieder langsam öffnest.

Als Variante kannst du die folgende Reiki-Visualisierungsreise auch mit Menschen oder Tieren durchführen, die schon über die Regenbogen-Lichtbrücke gegangen sind, z.B. wenn das Gefühl auftaucht, der Trauerprozess vereinnahmt einen zu sehr, zu lange oder Ähnliches. Den Kontakt zur Seele eines verstorbenen Menschen oder Tieres kann man immer wieder herstellen, da eine Seele nicht sterben kann, sondern nur der Körper.

Trauer loslassen

Da jeder Mensch, der einen Verlust erlitten hat, sein eigenes Zeitfenster hat und braucht, bis er das Trauertal hindurch gelitten hat, ist es hilfreich sich mit der Reiki-Energie zu verbinden, um die eigenen Heilungsprozesse auf der Körper-, Geist und Seelenebene anzuregen.

Vielleicht konnte man sich nicht verabschieden, es war nicht mehr möglich, Wichtiges zu klären, zu besprechen oder Ähnliches. Es gibt eine Menge Gründe, die ein Mensch als Rechtfertigung benutzt, warum die Person noch nicht hätte gehen dürfen.

So gibt es hier die Möglichkeit, noch einmal den Kontakt zur geistigen Welt und der Person oder dem Tier aufzunehmen, um besser abschließen zu können. So kann es leichter sein, aus dem Trauerprozess rauszukommen. Jeder Mensch sollte es sich selbst wert sein, den Verlust zu verarbeiten, anzuerkennen, um noch im eigenen Leben das Beste herauszuholen.

Visualisierungsreise »Loslassen und Leben«

Entspannungseinleitung

Schließe deine Augen und gehe mit deiner Aufmerksamkeit zu deiner Atmung. Mit jedem entspannten Atemzug entspannst du deinen Körper und deinen Geist. Du lässt mit jedem entspannten Atemzug alles los, was dir gerade in den Sinn kommt. Du atmest entspannt einige Male ein und wieder aus.

Stelle dir einen ruhigen und entspannten Ort vor, der sich in deinem Inneren befindet. Aktiviere die Reiki-Energie, dass sie durch dich fließen und zum Wohle aller Beteiligten wirken kann. Sei der Kanal für die Reiki-Energie und fühle, wie die Reiki-Energie durch dich entspannt und kraftvoll zugleich hindurchfließt.

Visualisierungsreise

In deiner Entspannung lege deine Hände auf dein Herz und deinen Bauch, lasse die Reiki-Energie für dich dort hinfließen. Fülle dein Körper, bis in die kleinste Rundung, mit der Reiki-Energie auf. Das hier tust du für dich, weil du im Moment vielleicht so viele Gefühle zu verarbeiten hast, dass es wichtig ist, dir in diesem Moment selbst nahe zu sein und dir etwas Gutes zu tun.

Genieße es und spüre, wie sich dein Herz mit der Reiki-Energie füllt, wie es durch die Herzwand anfängt, auszustrahlen. Dieses Strahlen wird durch deinen Brustkorb nach außen dringen und in deinem energetischen Feld wirken können.

Nun lege beide Hände auf deinen Bauch, egal ob nebeneinander oder übereinander. Folge deiner Intuition und deinem Impuls. Wenn deine Hände so auf deinem Bauch liegen, lasse die Reiki-Energie bewusst in deinen Bauch hineinfließen.

All deine Bauchorgane und alles, was sonst noch dazugehört, versorgst du mit der Reiki-Energie. Dein Magen, deine Milz, deine Leber, deine Bauchspeicheldrüse, deine Galle, deine Nieren, dein kompletter Darm. In alles, was sich in dir befindet, bis in die Blutgefäße, in die kleinsten Zellen deines Körpers fließt die Reiki-Energie hinein. Sie wird dir helfen, alle Emotionen, mit denen du dich im Moment auseinandersetzen darfst, zu heilen, so gut, wie es gerade möglich ist.

Du bist völlig entspannt und aufgeladen, so dass es nun an der Zeit ist, dich gedanklich an einen Ort zu begeben, an dem du dich wohlfühlen kannst. Das kann ein Ort sein, an dem du schon oft warst, ein Ort, an dem du denkst, dass du dich wohlfühlen würdest. Nimm den Ort, der dir als Erstes in den Sinn kommt, und mache es dir dort bequem.

Lege dir gedanklich und ebenso bildlich die Hände auf deinen Bauch. Lasse auch hier die Reiki-Energie hineinfließen und genieße es, an diesem Ort zu sein.

Dir ist bewusst, dass du immer noch traurig darüber bist, dass du jemanden verloren hast, der schon vor einiger Zeit über die Regenbogen-Lichtbrücke gegangen ist. Du brauchst dir diese Person nur bildlich vorstellen und an sie denken. Deine Gedanken und Gefühle, die du der Person gegenüber hegst, kommen bei der Person an. Vertraue dem Prozess, dass die Energie deiner Gedanken und Gefühle weitergeleitet werden.

An deinem entspannten Ort schaust du in die Ferne und erblickst etwas, was auf dich zukommt. Es kommt immer näher und du spürst in dir, dass es sich genau um die Person handelt, an die du gedacht hast. Du bist dir kurz unsicher, aber mit jedem Schritt, die sie näher kommt, erkennst du immer mehr von der Person. Du freust dich innerlich, dass du sie sehen kannst. Du erkennst, dass es der Person sehr gut geht.

Begrüßt euch, wie ihr es auch schon zu ihren Lebzeiten getan habt und bitte die Person, sich zu dir zu gesellen und nimm dir die Zeit, mit deinem Gegenüber zu kommunizieren.

Du hast hier direkten Zugang zu der Seele der Person, um ihr Folgendes zu sagen: »Ich freue mich, dich hier zu sehen. Ich muss oft an dich denken und vermisse dich. Das macht mich traurig. Und wenn ich dich hier so sehe, sehe *ich, dass es dir sehr gut geht. Das freut mich sehr. Ich wollte dir noch so einiges sagen, wozu wir nicht gekommen sind, es mir aber noch wichtig war und ist, dir zu sagen. Ich danke dir für all die Zeit, die wir zusammen verbringen konnten. Ich darf für mich lernen, zu akzeptieren, dass deine Zeit eher vorbei war, und ich lernen darf, dich völlig loszulassen, damit wir beide uns weiterentwickeln können. Du an dem Ort, wo du dich aufhältst und ich noch hier auf der Erde. Es macht mir mein Herz leichter, zu sehen, dass es dir gut geht. Ich werde es mir hier auch noch gut gehen lassen, bis auch ich irgendwann einmal den Weg über die Regenbogen-Lichtbrücke gehen werde, und wir uns wieder sehen und vereint sein können. Ich danke dir für all die gemeinsamen Erfahrungen und werde dich in meinem Herzen in Erinnerung behalten. Wenn wir beide einen Seelendeal füreinander hatten, dann ist er erfüllt worden. Ich wünsche dir auf deinem weiteren Seelen-Entwicklungsweg viel Kraft und Liebe. Ich werde dich jetzt mit einem liebevollen Lächeln ziehen lassen«.*

Spüre, wie es dir in diesem Moment geht, und nimm diese Gefühle in dein Herz, wo es mit der Reiki-Energie in Liebe umgewandelt wird. Reicht euch beide die Hände und spüre, wie die Reiki-Energie jetzt zwischen euch hin und her fließt.

Sei dankbar für diesen Moment. Vielleicht bekommst du von deinem Gegenüber noch etwas gesagt oder du spürst einfach, was bei dir ankommt. Nimm es in Dankbarkeit voller Liebe an, wie es ist.

Spüre, wie die Reiki-Energie aus deinem Herzen durch deinen Körper nach außen strahlt. Du siehst, wie die Reiki-Energie das Herz deines Gegenübers berührt und füllt, bis auch sein Körper voller Energie strahlt. Eure Energien vereinen sich, als würdet ihr energetisch eins werden. Genießt diesen Augenblick, mit dem, was gerade hier passiert, zum Wohle für euch beide.

Lege dann deine Hände noch einmal auf dein Herz und bedanke dich bei deinem Gegenüber für das Kommen. Verabschiede dich gedanklich mit deinen eigenen Worten.

Du siehst, wie dein Gegenüber sich strahlend und freudig wieder auf den Weg macht. In der Ferne erscheint eine

Regenbogen-Lichtbrücke und dein Gegenüber begibt sich auf direktem Weg dorthin und bewegt sich langsam über diese Regenbogen-Lichtbrücke ins Licht.

Du schaust, wie dein Gegenüber sich auf den Weg begibt, und du fühlst dich innerlich friedlich und ruhig dabei. Es wird dir bewusst, dass es euch beiden leichter fällt, in Liebe gehen zu können.

Du spürst die Reiki-Energie in deinem Herzen und deinem Bauch, wie sie sich entfaltet und dich in Liebe hier lässt. Du besitzt die Kraft und die Energie, durch den Trauerprozess zu gehen. Bleibe mit dem Gefühl in deinem Herzen und der Reiki-Energie.

Wann immer du in den Zustand der Trauer kommst, lege deine Hand auf dein Herz und deinen Bauch, denke dich an diesen Ort und erinnere dich daran, was du hier erlebt hast.

Ausleitung

Spüre nun deinen Körper und bewege ihn langsam, um dir bewusst zu werden, wo du dich im Hier und Jetzt befindest, hier in diesem Raum. Gehe mit deiner Aufmerksamkeit zu deinem Atem und konzentriere dich darauf, mit jedem Atemzug mehr und mehr hier anzukommen. Nimm noch einmal drei bewusste Atemzüge, bevor du deine Augen wieder langsam öffnest.

Reiki & die Lemniskate oder Liegende Acht

Diese Übung ist eine »Herz zu Herz«-Verbindung. Es gibt Menschen, die sich so intensiv verbunden fühlen, als wären sie mit nur einem gemeinsamen Herzen unterwegs. Oder Menschen, die sich so nahe fühlen, ohne einordnen zu können, warum das so ist. Sie wissen meist nur, dass es eine gefühlte Verbundenheit gibt, auch wenn es Menschen gibt, die dies nur einseitig wahrnehmen und nicht verstehen, warum der andere nicht so fühlt. Für all das wird es Gründe geben.

Menschen können lernen, ihre Verbindung zu stärken. Egal, ob innerhalb einer Partnerschaft, Freundschaft oder anderen Beziehungen. Es kann eine tiefe Verbindung hergestellt werden.

Das Unendlichkeitszeichen, auch Lemniskate genannt, symbolisiert die Ewigkeit. Die Lemniskate kann unterschiedlich eingesetzt werden. Ich verbinde mit der Lemniskate, auch die »liegende Acht« genannt, Harmonie, Gleichgewicht, Ausgeglichenheit.

Sie bringt die Energie zum Fließen und unterstützt dich dabei, wieder in Balance zu kommen. Dies wiederum sorgt für das Wohlbefinden von Körper, Geist und Seele. Die Arbeit mit der Lemniskate wird schon seit Jahren z.B. in der Kinesiologie erfolgreich als Gehirntraining, angewandt. Einsetzbar ist die Arbeit mit der Lemniskate aber auch für die Bewältigung der unterschiedlichen Herausforderungen im Leben, wie unteranderem bei Lernblockaden, Konzentrationsschwierigkeiten, Unausgeglichenheit, Stress und vieles mehr.

Was hat die Lemniskate mit Reiki zu tun?

Wir verbinden beides, um die Wirkung zu erhöhen. Die Lemniskate allein genutzt, bringt schon so einiges ins Lot. Die Verbindung mit der Reiki-Energie kann eine Verstärkung hervorrufen. Wir beziehen uns hier auf die menschliche Verbindung zu sich selbst und zu anderen Menschen, mit denen wir verbunden sind oder sein wollen.

Visualisierungsreise »Reiki trifft Lemniskate«

Entspannungseinleitung

Schließe deine Augen und gehe mit deiner Aufmerksamkeit zu deiner Atmung. Mit jedem entspannten Atemzug entspannst du deinen Körper und deinen Geist. Du lässt mit jedem entspannten Atemzug alles los, was dir gerade in den Sinn kommt. Du atmest entspannt einige Male ein und wieder aus.

Stelle dir einen ruhigen und entspannten Ort vor, der sich in deinem Inneren befindet. Aktiviere die Reiki-Energie, dass sie durch dich fließen und zum Wohle aller Beteiligten wirken kann. Sei der Kanal für die Reiki-Energie und fühle, wie die Reiki-Energie durch dich entspannt und kraftvoll zugleich hindurchfließt.

Visualisierungsreise

Du bist nun entspannt in deinem Atemrhythmus und richtest deine Aufmerksamkeit auf dich selbst, auf deine Hände, wie die Reiki-Energie jetzt ganz bewusst anfängt, durch deine

Hand Chakren zu fließen. Lege deine Hände auf dein Herz und deinen Solarplexus und lasse die Reiki-Energie dort hineinfließen. Genieße in diesem Moment das Gefühl, aufgeladen zu werden, dich zu verwöhnen.

Stelle dir vor, du befindest dich in einem für dich angenehmen Raum. In diesem Raum befindet sich ein großer Spiegel. Dieser Spiegel zieht dich magisch an und du stellst dich genau vor diese Spiegelfläche. Der Spiegel zeigt, dass du deine Hände auf deinem Herzen und deinem Solarplexus zu liegen hast.

Richte deine Aufmerksamkeit auf dein Spiegelbild. Betrachte es von oben bis unten und fühle in dich hinein, was du spürst und über dich denkst, wenn du dich so in voller Lebensgröße siehst.

Was magst du nicht an dir? Wo zieht es dich mit deinen Augen sofort hin? Für das, was dir an dir selbst nicht gefällt. Was würdest du am liebsten an dir ändern? Du weißt, dass solche negativen Gedanken, das jetzt nicht ändern werden. Dir ist bewusst, dass das Akzeptieren des momentanen

Zustandes leichter sein kann, um nach und nach in die Veränderung zu gehen.

So schau auf dich, wie du da stehst, mit deinen Händen auf deinem Herzen und deinem Solarplexus. Fühle, wie du dich mit der Reiki-Energie versorgst, dein Herz und dein Solarplexus anfangen, sich mit der Reiki-Energie zu füllen und sie langsam zu strahlen beginnen, so dass du kleine Funken in deinem Spiegelbild sehen kannst.

Nimm die Hand, die auf deinem Solarplexus liegt, und lege sie auf Herzhöhe deines Spiegelbildes an. Schaffe so die Verbindung zu dir selbst. Auch wenn es sich etwas kühl anfühlt unter deinen Handinnenflächen, wird es mit dem Fließen der Reiki-Energie gleich etwas wärmer.

Du hast nun eine »Herz zu Herz«-Verbindung zu dir selbst hergestellt und die Reiki-Energie fließt zwischen dir und deinem Spiegelbild hin und her wie ein eigener Kreislauf. Jetzt stelle dir gedanklich die liegende Acht, die Lemniskate vor. Zeichne diese liegende Acht gedanklich zwischen deinem spürbaren Herzen in dir und deinem Herzen im

Spiegelbild immer wieder nach. Durch das gedankliche Verbinden mit der liegenden Acht, der Lemniskate und dem Fließen der Reiki-Energie, verstärkt sich die Wirkung beider Energien, die sich in diesem Moment verbinden.

Vielleicht kannst du mit deinen geistigen Augen sehen, wie sich beides verbindet. Spüre, wie sich diese Verbindung für dich anspürt, was sie mit dir macht.

Immer wieder im Fluss der liegenden Acht fließt die Reiki-Energie weiter von dir zu deinem Spiegelbild und wieder zu dir. Spüre, dass es dir immer leichter fällt, dich so anzunehmen, wie du bist. Du tust es für dich, weil es jetzt Zeit ist, für dich selbst da zu sein, dir selbst etwas Gutes zu tun, damit andere es nicht tun müssen.

Du stillst deine Bedürfnisse selbst, indem du dich auflädst, dir Ausgleich verschaffst und dich wieder in Harmonie bringst. All das schwingt in der Lemniskate.

Da du nun einige Zeit die Reiki-Energie und die Energie der liegenden Acht auf dich hast wirken lassen, nimm deine

Hand von deinem Spiegelbild und lege sie auf deinem Solarplexus wieder ab.

Ausleitung

Lasse das innere Bild sich wieder auflösen, so dass du dich bewusst in deinem Körper hier in diesem Raum wahrnimmst. Achte auf deine entspannte, gleichmäßige und ruhige Atmung. Nimm den Raum, indem du dich hier befindest wahr. Nimm noch drei tiefe entspannte Atemzüge, bevor du dich langsam wieder bewegst und deine Augen öffnest.

Bei Bedarf wiederhole diese Übung, wann immer dir danach ist.

Reiki, Lemniskate & Partnerschaft

Wer nimmt sich in einer Partnerschaft noch wirklich richtig Zeit, seine Zweisamkeit auszuleben? Heute leben wir in einer gefühlt schnelllebigen Zeit, die von Terminen und Verpflichtungen gefüllt oder, schlimmer noch, überfüllt sind. Da ist es schon eine große Herausforderung, sich gemeinsam Zeit zu nehmen. Meist bleibt dies als Erstes auf der Strecke, wird dann zur Alltagsgewohnheit und gerät fast in Vergessenheit. Gerade in der heutigen Zeit ist es wichtig, mit dem Partner ins Gespräch zu kommen und zu bleiben, sich zu spüren, wahrzunehmen, sich auszutauschen, sich zusammen weiterentwickeln und vieles mehr. Das hört sich stressiger an, als es in Wirklichkeit ist, nämlich entspannend.

Wie oft beobachte ich Paare, die sich mehr dem eigenen Smartphone widmen als der menschlichen Umwelt.

Auch wenn die Aufmerksamkeit für ein Smartphone oder Ähnliches für eine kurze Entspannung sorgt, so wird auch daraus fast schon der beste Freund oder Partnerersatz fürs Leben.

SMS oder Whats-App Nachrichten, die nur aus geschriebenen Worten oder Emojis bestehen, ohne echte Emotionen. Aus der Mimik und der Stimme eines Menschen lesen wir viel eher und mehr heraus, um diese besser und genauer deuten zu können. Keine geschriebene Nachricht kann das transportieren. Hier können wir nur vermuten und ahnen und interpretieren oft etwas hinein, was nicht der Wahrheit entspricht.

Schauen wir uns heute um, sehen wir Menschen, die mit gesenktem Kopf durch die Straßen laufen, die Augen auf das Smartphone richten und nicht mehr wirklich wahrnehmen, was um sie herum so los ist.

Es ist bereichernd, sich selbst eine oder mehrere Auszeiten zu nehmen, um mit sich selbst oder dem Partner Zeit zu verbringen.

Visualisierungsreise »Herz zu Herz«

Als Partnerübung gedacht.

Für diese Übung ist es völlig ausreichend, wenn nur eine Person mit der Reiki-Methode vertraut ist. Durch die Verbindung zweier Personen entsteht ein Kreislauf, der die Reiki-Energie hin und her fließen lässt. Wird diese Übung von zwei Reiki-Praktizierenden ausgeübt, dann ist das wunderbar.

Entspannungseinleitung

Setzt euch beide gegenüber, so dass ihr mit euren Händen das Herz des Anderen berühren könntet. Legt eure rechte und linke Hand auf das eigene Herz ab. Schließt eure Augen und konzentriert euch beide auf die eigene Atmung. Beobachtet, wie ihr entspannt ein- und ausatmet und mit jedem weiteren Atemzug immer entspannter und ruhiger werdet.

Öffnet dann bitte eure Augen und schaut euch beide tief in die Augen, ohne zu reden und zu blinzeln. Beobachtet, was jeder von euch im anderen wahrnimmt, was jeder von euch im eigenen Körper spürt.

Schließt wieder beide die Augen und lasst euch darauf ein, was nun kommt. Konzentriert euch auf eure Atmung, wie sie ruhig durch den Körper fließt. Mit jedem Atemzug sinkt ihr beide immer tiefer in eure Entspannug hinein. Verbinde dich nun mit der Reiki-Energie, wie du es für dich immer tust, damit sie fließen kann und spüre, wie sie durch dich hindurch zu fließen beginnt.

Visualisierungsreise

Legt jetzt bitte eure linke Hand, eure Herzhand, mit Erlaubnis eures Gegenübers auf dessen Herz ab. Die rechte Hand legt ihr auf euren eigenen Bauch ab. Jetzt konzentriert euch auf das Fließen der Reiki-Energie.

(Praktiziert nur einer von beiden die Reiki-Methode, stimmt derjenige sich darauf ein und das Gegenüber bleibt einfach in der Entspannung und stellt sich mental vor, wie die Reiki-Energie oder Licht durch den Körper bzw. die Hand fließt.)

Stellt euch vor, dass die Reiki-Energie durch die Hände fließt, durch die Handchakren, die sich in den Handinnenflächen befinden. Die Hände sind der Verbindungsfaktor zum Gegenüber.

Spürt in euch hinein, wie die Reiki-Energie durch euch selbst, den Körper und weiter durch die Hände zum Gegenüber fließt. Lasst die Reiki-Energie für einige Momente einfach fließen und spürt, was geschieht. Vielleicht nehmt ihr beide etwas wahr. Vertraut auf den Prozess, der sich hier zeigt, und lasst geschehen, was geschehen soll.

Nachdem nun die Reiki-Energie gleichmäßig fließt, geht ihr mit eurer Aufmerksamkeit zu eurem Herzen. Ihr spürt die Hand des Anderen auf eurem Herzen und spürt die Reiki-Energie, die im Herzen ankommt. Eure Herzen füllen sich mit der Reiki-Energie auf, bis es durch die Herzwände in deinen Körper hinein strahlt. Es fließt immer mehr Reiki-Energie in und durch euch hindurch, bis eure Herzen anfangen zu leuchten.

Nun stellt euch beide vor, dass ihr gedanklich eine liegende Acht von einem Herzen zum anderen Herzen zeichnet. Wiederhole das Zeichnen der liegenden Acht von einem Herzen zum Herzen des Gegenübers und wieder zum eigenen Herzen zurück. Zeichnet immer wieder die liegende Acht.

Diese Verbindung, mit Hilfe der liegenden Acht, gleicht euch aus und bringt eine ausgewogene Harmonie zwischen euch beiden. Es ist eure persönliche Herzensverbindung auf Herz- und Augenhöhe.

Seit euch bewusst, dass es im Grunde genommen zwei liegende Achten sind, die ihr energetisch verdoppelt und diese zu einer Acht verschmilzt. Auch die Reiki-Energie fließt immer mit.

Spürt, was sich verändert und genießt diesen gemeinsamen Zustand für euch. Diese energetische Verbindung kann sich wie eine tiefe emotionale Verschmelzung anfühlen. Wenn ihr mit eurer

Aufmerksamkeit immer wieder bei dem Zeichen der liegenden Acht seid, kann sich die Energie auch verstärken.

Falls es zu viel Energie für euch sein sollte, könnt ihr es jederzeit beenden. Fühlt es sich angenehm an, könnt ihr die Verbindung solange aufrechterhalten, wie es sich für euch gut anfühlt.

Hört gedanklich mit dem Zeichnen der liegenden Acht auf und lenkt eure Aufmerksamkeit auf das eigene Herz. Nehmt die Hand von dem Herzen eures Gegenübers und legt sie auf das eigene Herz ab. Lasst hier bewusst noch einmal etwas Energie hineinfließen.

Ausleitung

Seid euch eures Selbstes bewusst, spürt euren Körper und euren Geist, wie er sich hier in diesem Raum befindet. Bedankt euch gedanklich mit euren eigenen Worten bei euch selbst, bei eurem Gegenüber und der Reiki-Energie.

Legt die Hände bequem auf deinem Körper ab. Nehmt bewusste, tiefe Atemzüge und bewegt euren Körper etwas, um zu spüren, dass ihr im Hier und Jetzt angekommen seid.

Öffnet langsam wieder eure Augen, bleibt entspannt noch einen Augenblick sitzen und schaut euch noch einmal tief in die Augen. Eure Augen blicken in die Seele des Anderen. Schaut, was ihr jetzt im Anderen wahrnehmen könnt.

Was fühlt ihr? Hat sich was verändert? Seid euch bewusst, dass ihr wieder vollkommen hier in diesem Raum seid.

Tauscht euch aus, was ihr gemeinsam erlebt habt.

Diese Reiki-Visualisierungsübung kann jederzeit durchgeführt werden. Seid euch darüber bewusst, dass sie auch nach der Beendigung nachwirken kann. Daher ist es hilfreich, sich die nächsten Tage selbst zu beobachten und auszutauschen oder Notizen zu machen.

Visualisierungsreise »Die Herzensverbindung«

Alternative

Diese Übung dient als Alternative, wenn die Person an einem anderen Ort sich befindet. Mit Hilfe des Visualisierens, also der reinen Vorstellungskraft, ist es auch möglich, sich mit jemanden von »Herz zu Herz« zu verbinden, um sich zusammen harmonievoll auszugleichen, wenn er nicht anwesend ist.

Dazu ist es wichtig, sich von der Person eine persönliche Erlaubnis einzuholen. Keiner möchte gerne bewusst oder auch unbewusst manipuliert werden. Nicht jeder heißt es gut, dass man einfach mit ihm arbeitet, ohne zu wissen, was da vor sich geht.

Wenn sich innerhalb der mentalen Arbeit Keiner zeigt, sollte das respektiert werden. Vielleicht ist der Andere noch nicht bereit dazu. Manchmal ist es noch nicht der Zeitpunkt, um zwischen zwei Menschen etwas auszugleichen und Harmonie herzustellen. Hole dir die Erlaubnis für diese

Reiki-Visualisierung von der Person, mit der du gerne arbeiten möchtest.

Entspannungseinleitung

Begebe dich in eine bequeme Haltung, so dass du dir gut vorstellen kannst, dass die Person dir nah gegenüber sitzen kann und ihr eure Herzen gegenseitig berühren könntet. Schließe deine Augen und lege deine Hände auf dein Herz. Gehe mit deiner Aufmerksamkeit zu deiner Atmung und beobachte, wie entspannt du ein und wieder ausatmest, wie du mit jedem weiterem Atemzügen, immer tiefer in deine Entspannung hineingleitest und ruhiger wirst.

Visualisierungsreise

Stelle dir vor, du bist an einem wunderbaren Ort der Stille. Stelle dir nun die Person vor, mit der du dich gerne von Herz zu Herz verbinden möchtest. Vielleicht kannst du die Person sehen, wie sie sich auf dich zubewegt und sich vor dir niederlässt.

Ihr sitzt euch jetzt nah gegenüber. Ihr zaubert euch ein Lächeln ins Gesicht, zur Begrüßung, denn die Person weiß, dass du die Verbindung herstellen möchtest.

Zeigt sich keine Person, dann bleibe in der Entspannung und respektiere es, dass die Person jetzt nicht einwilligt und ihre eigenen Gründe dafür hat. Ohne diese zu bewerten. Dann stelle dir einfach vor, dein Inneres Ich würde vor dir sitzen, damit du diese Reise unternehmen kannst.

Schaut euch beide nun in die Augen, ganz tief in die Augen, und beobachte was du wahrnimmst im Gegenüber und was du dabei spürst. Deine Atmung ist weiterhin ruhig und gleichmäßig und du sinkst immer tiefer in die Entspannung hinein. Aktiviere für dich nun die Reiki-Energie, wie du es immer für dich tust und spüre, wie sie durch dich hindurchfließt.

Stelle dir jetzt vor, dass du deine linke Hand, deine Herzhand auf das Herz deines Gegenübers ablegst und dein Gegenüber seine linke Hand auf dein Herz ablegt. Deine rechte Hand legst du dir selbst über die imaginäre

Hand auf dein Herz, so wie auch dein Gegenüber seine rechte Hand auf sein Herz über deine Hand ablegt und ihr beide ganz bewusst die Reiki-Energie von deinem Herzen zum Herzen deines Gegenübers durch die Hände fließen lassen könnt.

Stelle dir vor, dass die Reiki-Energie durch eure Hände, durch die Handchakren, die sich in den Handinnenflächen befinden, fließt. Spüre hinein, wie die Reiki-Energie euch verbindet, und lasst sie einfach fließen. Vielleicht kannst du etwas wahrnehmen, wenn die Reiki-Energie so fließt. Es wird immer das Geschehen, was geschehen darf in diesem Prozess.

Nachdem die Reiki-Energie gleichmäßig fließt, gehe mit deiner Aufmerksamkeit zu deinem Herzen. Spüre, die eigene und auch immaginäre Hand auf deinem Herzen, wie auch die Reiki-Energie, die darin ankommt. Stelle dir vor, wie sich eure beiden Herzen mit der Reiki-Energie auffüllen und in euren Körper hinein strahlen.

Stelle dir nun vor, du zeichnest eine liegende Acht von deinem Herzen zum Herzen deines Gegenübers. Immer wieder zeichnest du die liegende Acht mental hin und her. Durch dieses Zeichnen der liegenden Achten verbindet ihr euch und gleicht euch beide harmonisch aus. Für diesen Moment ist eure persönliche Verbindung auf Herz und Augenhöhe. Beim Zeichnen fließt die Reiki-Energie automatisch mit und verschmilzt mit der Energie der liegenden Acht. Kannst du es wahrnehmen?

Gedanklich hörst du mit dem Zeichnen der liegenden Acht auf und lenkst deine Aufmerksamkeit auf dein eigenes Herz. Nimm nun deine Hand von deinem Gegenüber und du wirst sehen, dass sich auch die imaginäre Hand von deinem Herzen lösen wird. Lege deine Hände auf dein eigenes Herz und lasse noch einige Augenblicke die Reiki-Energie hineinfließen.

Ausleitung

Spüre deinen Körper und deinen Geist, wie er sich hier in diesem Raum befindet. Bedanke dich gedanklich mit eigenen Worten bei deinem Gegenüber für das Vertrauen und diesen Prozess.

Lege deine Hände bequem auf deinem Körper ab. Nehme bewusste, tiefe Atemzüge und bewege deinen Körper etwas, um zu spüren, dass du im Hier und Jetzt angekommen bist.

Öffne langsam wieder deine Augen und bleibe entspannt.

Was fühlst du? Was hat sich verändert?

Sei dir bewusst, dass du wieder vollkommen hier in diesem Raum bist.

Reiki und Geld

Geld ist ein Tauschmittel, und doch mehr als nur Münzen oder Geldscheine mit bedruckter Wertangabe. Der Mensch sieht Geld unter den verschiedensten Aspekten, die wiederum unbewusst ihre Wirkung auf ihn haben. Menschen, die schlecht über Geld denken, eine neutrale oder positive Einstellung zum Geld besitzen, gibt es unter den Armen und Reichen genug. Geld selbst hat keinen eigenen Wert, bis auf den, welchem wir ihm verleihen. So, wie ein Mensch sich wenig selbst wertschätzt, kann auch das Geld nichts anderes tun, als genau das zu spiegeln und dann lieber dahin zu gehen, wo die Menschen sich selbst und andere wert-schätzen.

So fühlt sich Geld auch dorthin angezogen, wo schon Geld vorhanden ist, zu seinen »Brüdern & Schwestern«, die sich immer weiter vermehren. Negatives Denken, egal worüber, vor allem über sich selbst, ist ein Defizit, an Wertigkeit, also ein Mangel. So entsteht durch genau diese Mangelgedanken, ein noch weiterer Mangel, der eine unbewusste Anziehungskraft besitzt. Mangel zieht Mangel an. Fülle zieht Fülle an. So kommt es, dass der Mangel eine Geldblockade entwickelt.

Positiv: gut zahlen – prompt zahlen – bar zahlen – gern zahlen – vorauszahlen (Vorkasse). Negativ: nie zahlen – schlecht zahlen – schleppend zahlen – abzahlen – draufzahlen – heimzahlen – nachzahlen. Um Geld wird in der ganzen Welt gelogen – gemordet – geschuldet – sich gesorgt. So bremst das Unterbewusstsein des Menschen den Geldfluss aus. So sehen wir, dass mit Geld viel Schmerz verbunden sein kann, wie auch Scham und schlechtes Gewissen. Da sind wir wieder bei dem Selbst-Wert. So habe ich schon vor vielen Jahren gehört, das Geld materialisierter Selbst-Wert ist. Das ist spür- und sichtbar auf dem Konto oder in der Geldbörse. Würde der Selbst-Wert steigen, steigt meist auch der Geldfluss und es ist nicht dauernde Ebbe in der Geldbörse.

Aber Vorsicht, es sollte dir es wert sein daran zu arbeiten, denn *»Von Nichts, kommt Nichts«*, *»Was nichts kostet, ist nichts wert«*, *»Geld verdirbt den Charakter«*, *»Geld stinkt«*, *»Geld macht nicht glücklich«* oder der Satz *»Schmeiße das*

Geld nicht aus dem Fenster raus«. All das sind Glaubenssätze, die wir schon früh gehört haben und meist unbewusst immer noch danach leben, weil sie sich gefestigt haben. Negative Glaubenssätze wie diese sind eher eine Ausladung an das Geld, anstatt einer Einladung. Denkt der Mensch schlecht über Geld, egal ob bewusst oder unbewusst, kommt es erst gar nicht oder wenn es kommt, geht es wieder schneller, von uns, als uns lieb ist. Das macht sich dann durch Sonderausgaben, Reparaturen oder Not-wendige Anschaffungen bemerkbar. Ist Geiz also wirklich so geil?

Der Mensch will viel, Großes, Wertvolles haben aber nur sehr wenig bis gar nichts dafür zahlen. Das passt irgendwie nicht zusammen. Ich selbst erlebe es, genau wie viele andere Menschen im Job auch. Da höre ich: »Simone, das ist doch eine Gabe, die du besitzt, dafür nimmt man doch kein Geld.« Aha, denke ich dann. Warum nicht? Ich lebe, wie viele Menschen auch, von meinem Job. Ich habe viel erlernt, mich fortgebildet, Anschaffungen dazu getätigt, biete Räumlichkeiten mit dazugehörigen Betriebskosten (Miete, Strom, Wasser, Heizung, Müll usw.), zahle Versicherungen, investiere in Werbung, damit ich für andere präsent sein kann, biete Arbeitsmaterialien zum Arbeiten an. Das zahle ich gerne und es ist möglich, weil ich in einem Dienstleistungsbereich tätig bin, den ich mir bezahlen lasse. Ein Job, wie jeder andere Dienstleister auch. Der Zeit-Wert, den ich für andere investiere, muss für mich stimmig sein, ohne ein schlechtes Gewissen zu bekommen. Ich bin für Menschen da, die Unterstützung brauchen und das aus meiner Berufung heraus. Ich freue mich, wenn ich helfen darf und kann, und ja, der nette Nebeneffekt ist, dass ich es mir wert bin, zu meinem Stundensatz zu stehen, den Klienten oder Teilnehmer auch zahlen.

Vor vielen Jahren, als ich selbst noch ein Geldthema hatte, bekam ich oft genug die Quittung dafür. Da machte ich das Meiste auf »Spendenbasis«. Das Bedeutete, dass jeder das gab, was er meinte, was es ihm wert sei, was er für richtig und angemessen hielt. Manche gaben gar nichts, manche etwas und meist war es viel weniger gewesen, als ich vorher investiert habe. Ich traute mich nicht, zu sagen, was ich für das ein oder andere wirklich wollte, da ich immer ein schlechtes Gewissen bekam. Aber auch die Erfahrung, dass all die Zeit und Arbeit manchen nicht einmal ein

»Dankeschön« wert war, wurde zur Erfahrung des »mehr schlecht als recht«. So fühlte ich mich immer mieser, es machte mir kein Spaß mehr und ich fing an, einiges nur noch halbherzig zu machen.

Für die andere Seite ist es natürlich auch nicht leicht, etwas zu bewerten, weil sie meist nicht wissen, was etwas wert sein könnte. Das Wertigkeitsspielchen ging solange, bis mir eine Freundin damals gewaltig den Kopf gewaschen hat und ich mir darüber ernste Gedanken machte. Ich investiere Zeit, Wissen, Materialien usw., die Geld kosten, um andere damit glücklich zu machen, mich aber umso unglücklicher!

Wer nur Spenden nimmt, ist sich meist seines Wertes nicht bewusst. Der eigene Selbst-Wert sinkt somit weiter und weiter. Das hat damals ganz schön gesessen bei mir.

Heute ist es so, dass ich mir meines Wertes gut bewusst bin. Für mich persönlich muss es stimmig sein. Natürlich habe ich auch das Recht Zeit und Arbeit zu verschenken, das entscheide dann ich selbst, weil auch das für mich und den Moment stimmig ist. Ob das dann mal 15 Minuten länger Zeit und Arbeit für einen Klienten oder Teilnehmer bedeutet, ist dann mir überlassen, weil ich dabei ein gutes Gefühl habe.

Meine Vorstellung basiert darauf, dass ich ein Universumskonto besitze, wo genau diese gefühlten und gelebten Aktionen von mir unbewusst eingezahlt werden. Das Universum entscheidet dann selbst, wann und wie die Auszahlung aussieht. Mittlerweile ist es für mich eine spaßige Sache. Mit gefällt es, dem Geld gefällt es, dem Universum gefällt es. Was will ich mehr! Geld will fließen, in Bewegung bleiben, es will wissen, wofür es gebraucht wird. So ist Geld eine Energieform, die genauso angezapft werden kann, wie Sonnen- oder Windenergie.

Geld hat für mich persönlich Ohren und eine eigene Schwingungsenergie. In der heutigen Zeit ist es das Mittel zum Zweck, das uns das Leben erleichtern kann. Ich habe mich für meinen Weg der Selbständigkeit entschieden, mit allen Konsequenzen. Also mache ich das Beste daraus, was ich will, was ich geben kann und will, was für mich stimmig ist, was anderen helfen kann, weil ich es mir Selbst-Wert bin.

Sehen wir die Sache mal aus der Sicht des Geldes. Ich habe in meinem ersten Buch (»KAHI-SI & die Herz-Heil-Energie«) das Thema Geld erwähnt und hier mal den Auszug dazu integriert, weil es so schön passt.

Lassen wir das Geld mal zu Wort kommen:

»Ich als Geld besitze keinen Wert. Mein Wert wird mir durch den Menschen verliehen und ist dadurch gekennzeichnet, was die Druckerei mir als Zahl aufdruckt. Ich als Geld stehe für den materialisierten Selbst-Wert des Menschen. Steigt der Selbst-Wert einer Person, steigt auch meistens der Kontostand der Person an. Schaut euch an, was Millionäre meist für einen Selbstwert zeigen und leben. Stelle dir vor, ich als Geld habe unsichtbare Ohren und kann hören, was du sagst oder über Geld denkst. Millionäre denken über mich als Geld meist sehr positiv, sie denken groß und in Mengen, so fühle ich mich von diesen Menschen auch angezogen mit all meinen Brüdern- und Schwesterscheinen. So vermehren wir uns auf Bankkonten

gerne, wo auch schon viel ist, wo gut über uns geredet wird und wo man weiß, was man mit uns Scheinchen alles anstellen will und kann. Diese Menschen, die uns liebhaben und uns so viel Wert beimessen, steigern unbewusst ebenso ihren eigenen Selbst-Wert. Es ist wie eine magische Anziehung, die sehr gut funktioniert. Begegnen wir als Geld den Menschen, die eher negativ uns gegenüber eingestellt sind, weil sie schlechte Erfahrungen mit uns gemacht haben oder weil man ihnen vielleicht beigebracht hat, wenn sie zu viel von uns haben würden, es ihren Charakter verderben könnte. Wie sollten wir das machen, wir sind doch nur bedrucktes Baumwollpapier. Wir sagen euch, ändert eure Denkweise und eure Gefühle zu uns, dann haben wir auch wieder Lust zu euch zu kommen. Schätzt uns und ihr werdet euch selbst wieder schätzen lernen. Denkt und sprecht positiv mit und über uns. Wir als Geld wollen wissen, warum wir zu euch Menschen kommen sollen. Wir wollen wissen, was ihr mit uns allen machen möchtet, wofür ihr uns ausgeben wollt und nutzen wollt. Wir brauchen eine Aufgabe und wollen nicht irgendwo Monate oder jahrelang in einer Ecke gesammelt werden ohne Sinn. Noch schlimmer, als Not-Groschen, für schlechte Zeiten, darauf warten, um dann erst ausgegeben zu werden. Das ist nicht wertschätzend für uns als Geld. Wer uns als Geld für Krisenzeiten aufhebt, gibt uns nur unschöne Gefühle. Wer auf eine Krise wartet, wird auch eine bekommen. Da kommen aber keine Geldbrüder und Schwestern mehr vorbei. Überdenkt eure Glaubensmuster, die Erfahrungen aus den früheren Generationen, die es erlebt haben, die noch wirken können. Dann steht ihr unbewusst immer noch auf Kriegsfuß mit dem Geld. Macht Frieden mit euch, arbeitet an eurem eigenen Selbst-Wert, dann werden auch wir wieder in euer Leben kommen können. Wir wollen Freude und Spaß in unserem Schein- Leben oder Hart-Geld-Zeiten. Wir wollen Gutes, angenehmes, nützliches, wohlwollendes machen. Das Leben kann mit uns schön sein, wenn ihr als Mensch es ebenso sehen würdet. Habt Geduld auf diesem Prozessweg mit euch selbst. Ihr werdet es spüren, wenn wir mehr und mehr in eurer Geldbörse oder auf eurem Bankkonto werden«.

Betrachten wir mal die gängigen Geldscheine.

Ob nun wirklich etwas dahinter steckt oder es nur Einbildung sei, ist völlig egal. Der Spaß, es auszuprobieren, bring ein positives Gefühl, was das Geld erfreut. Hat sich jemand da draußen schon mal die Geldscheine, die Euros, angeschaut? Nein? Dann holt eure Geldbörsen heraus, legt alle Scheine vor euch hin. Habt ihr keine großen Scheine, dann googelt sie als Bilder. Jeder Geldschein hat auf der einen Seite immer eine Brücke und auf der anderen Seite ist entweder ein Tor oder ein Fenster abgebildet

Vielleicht hast du als Kind schon öfter gehört, dass du dein Taschengeld nicht für irgendwelchen Müll aus dem Fenster schmeißen sollst. Je öfter wir es hörten, umso fester hat es sich unbewusst in uns eingeprägt und tut heute alles Übrige dafür, es weiterhin aus dem Fenster zu werfen, für irgendeinen Mist, den wir gerade haben wollen, egal ob wir ihn brauchen oder nicht, kaufen.

Nun zur anderen Seite, den Brückenbildern. Die Assoziation zu einer Brücke ist, dass man darauf immer in beide Richtungen gehen kann, hin und her, vor und zurück. Man verabredet sich und trifft sich dort.

Oder stelle dir vor, du stehst an einer Kasse und zückst deine Geldbörse, um deinen Einkauf zu bezahlen, und du gibst die Geldscheine so an die Kassiererin, dass das Brückenbild nach oben gerichtet ist. So vermittelst du dir selbst, dass die Geld-Scheine, auch den Weg schnell wieder zu dir zurückfinden, mit all seinen Brüder- und Schwesterscheinen. Allein die immerwährende Vorstellung reicht deinem Gehirn schon aus, das du irgendwann wahrnimmst, dass es dir Freude macht, und du feststellst, dass du leichter und schneller an Geld kommst. Es gibt viele Möglichkeiten, die dem Geld zur Verfügung stehen, um sich auf den Weg zu dir zu machen. Aber deine Freude steckt das Geld eben an und kommt somit gerne zu dir. Du gehst auch nicht gerne jemanden besuchen, der ein Dauernörgler ist und immer schlechte Laune hat. Da siehst du auch zu, dass du dich schnell wieder auf den Weg machst und wegkommst. So geht es dem Geld auch.

Geld ist weder gut noch schlecht noch hübsch oder hässlich. Du selbst bist es, der dem Geld eine entsprechende Energie gibt. Du selbst prägst das Geld mit deiner Einstellung und deinen Emotionen. Dem Geld selbst ist es egal, wie du denkst, aber es resoniert zu dir. Frage dich mal Folgendes: Was löst in dir Angst aus, wenn du Geld hättest? Was denken andere von dir, wenn du Millionär wärst? Was denken andere und du selbst über dich, wenn du mit Geld Gutes tun würdest? Lade den

Reichtum ein und behandle ihn wert-voll. Ich hoffe, du hast einen kleinen Geld-Einblick darüber gewinnen können.

Ich biete dir hier an, mit deiner Geldbörse und dem Inhalt darin zu arbeiten. Viel Spaß!

Geld & Reiki-Energie

Nimm dir deine eigene Geldbörse und lege sie vor dich hin oder lege sie auf deinem Schoß ab, damit du nach ihr greifen kannst, um mit ihr zu arbeiten.

Entspannungseinleitung

Schließe deine Augen und gehe mit deiner Aufmerksamkeit zu deiner Atmung. Mit jedem entspannten Atemzug entspannst du deinen Körper und deinen Geist. Du lässt mit jedem entspannten Atemzug alles los, was dir gerade in den Sinn kommt. Du atmest entspannt einige Male ein und wieder aus.

Stelle dir einen ruhigen und entspannten Ort vor, der sich in deinem Inneren befindet. Aktiviere die Reiki-Energie, dass sie durch dich fließen und zum Wohle aller Beteiligten wirken kann. Sei der Kanal für die Reiki-Energie und fühle, wie die Reiki-Energie durch dich entspannt und kraftvoll zugleich hindurchfließt.

Übung

Öffne deine Augen, bleibe aber konzentriert und fokussiert bei dir und deiner Geldbörse. Greife nach deiner Geldbörse und betrachte sie mit deinen Augen. Wie wirkt sie auf dich, was ist dein Eindruck, wenn du sie dir anschaust?

Öffne deine Geldbörse, um hineinzusehen. Darin befinden sich vielleicht einige Geldscheine und etwas Klimpergeld. Du nimmst dir einen Geldschein heraus und legst deine Geldbörse vorsichtig und griffbereit zur Seite.

Versuche, den Geldschein zwischen deinen Fingern zu fühlen. Spüre die Beschaffenheit des Geldscheins, spüre die unterschiedlichen Merkmale. Was spürst du sonst noch? Hörst du, wie der Geldschein raschelt oder knistert, wenn du mit dem Geldschein spielst oder Druck auf ihn ausübst mit deinen Fingern und Händen?

Halte den Geldschein unter deine Nase und rieche daran. Wie duftet der Geldschein? Schau dir den Geldschein noch einmal genau an und versuche, alles Mögliche zu erkennen.

Drehe den Schein auch um, damit du die andere Seite genauer betrachten kannst mit ihrer Vielfalt, den Farben und Mustern. Dieser Schein steht stellvertretend für alle Geldscheine, die du besitzt oder besitzen wirst in der nächsten Zeit.

Visualisierung & Reiki

Schließe deine Augen und entspanne mit jedem weiteren Atemzug. Konzentriere dich nun noch einmal auf die Reiki-Energie und lasse die Reiki-Energie jetzt in diesen Geldschein fließen. Spüre, was du zwischen deinen Händen dabei wahrnimmst. Was macht die Reiki-Energie mit deinem Geldschein?

Bitte nun die Geld-Energie, die von dem Geldschein ausgeht, in dich hineinzufließen. Die Reiki-Energie, die schon durch dich hindurchfließt und in den Geldschein hinein fließt, reinigt diesen und lädt ihn energetisch auf.

Die Reiki- und Geld-Energien vermischen sich beide und werden zu einem Energiefluss, die sich als Spirale zeigt und somit auch durch dich wieder zurückfließt. So entsteht ein energetischer Kreislauf zwischen dir und der Reiki-Energie sowie dem Geldschein und der Geld-Energie.

Lasse diese beiden Energien noch etwas durch dich und den Geldschein fließen und genieße dieses Gefühl dabei. Spüre in dich hinein und schau, was es mit dir macht.

Du hast jetzt eine Verbindung zu diesem Geldschein aufgebaut, du hast ihm etwas gegeben mit wunderbarer Wertigkeit aus dir selbst heraus. Habt euch verbunden durch die Energien, die durch dich und den Geldschein fließen. Nimm noch einmal wahr, wie es sich für dich anfühlt. Was ist das Erste, was dir als Gedanke in den Sinn kommt?

Stelle dir vor, du könntest aufgrund der gemeinsam erzeugten Verbindungsenergien mit dem Geldschein kommunizieren. Was würdest du diesem Geldschein in deinen Händen sagen oder fragen wollen?

Horche genau hin, was der Geldschein dir dazu antwortet. Vielleicht hat er einige Hinweise, die dir helfen, um eine noch bessere Einstellung zum Geld zu bekommen. Vielleicht machst du das ein oder andere ja schon sehr gut, dass die Anziehung funktioniert. Vielleicht bekommst du auch ein Lob und es gibt nichts zu ändern in diesem Moment.

Akzeptiere alles, was dir als Antwort in den Sinn kommt. Bedanke dich bei deinem Geldschein und freu dich auf all seine weiteren Brüder- und Schwesterscheine, die auf dem Weg zu dir sind. Freu dich, dass du deinen Teil dazu beiträgst an der Vermehrung des Geldes für dich und Andere.

Ausleitung

Nachdem du das Geld mit der Reiki-Energie gereinigt und aufgeladen, sowie mit dir verbunden hast, beende die Reise mir drei tiefen Atemzügen. Öffne deine Augen und lege deinen Geldschein wieder in deine Geldbörse zurück. So verteilt sich die Energie des Reiki-Geldes jetzt in deiner Geldbörse, weil dein Schein strahlt.

Wenn du deine Geldbörse das nächste Mal in der Hand hältst, fühle bewusst, was du wahrnimmst. Schau, wie es ist, wenn du das nächste Mal an der Kasse stehst und etwas mit dem Reiki-Geld bezahlst. Beobachte, was du dabei fühlst und denkst. Denke daran, dass es immer etwas dafür im Tausch gibt, dass es dir wert war, es zu kaufen und zu bezahlen, damit es auch deinen inneren Selbst-Wert steigert.

Die Geldbörse ist vielen Menschen sehr wichtig, weil sich gefühlt das halbe Leben darin befindet. Ein reines Sammelsurium von Zettelchen, Karten, Dokumenten, Quittungen, Bildern und auch Geld. Das meiste ist nichts mehr wert, hat keine Gültigkeit oder ist abgelaufen, trotz allem ist es eine Art verbrauchte Energie, die immer noch in der Handtasche oder Hosentasche herumgeschleppt wird. Aber abgesehen davon, wer reinigt schon regelmäßig seine Geldbörse? Bestimmt die Wenigsten. Die Geldbörse bekommt so gut wie keine Beachtung, und trotzdem ist der Inhalt fast lebenswichtig. Wann hast du deine Geldbörse das letzte Mal gereinigt und ausgemistet?

Geldbörse ausmisten & reinigen

Nimm dazu deine Geldbörse zur Hand, damit du mit ihr arbeiten kannst.

Entspannungseinleitung

Nimm eine entspannte Haltung ein und schließe deine Augen. Gehe mit deiner Aufmerksamkeit zu deiner Atmung. Mit jedem entspannten Atemzug entspannst du deinen Körper und deinen Geist. Du lässt mit jedem entspannten Atemzug alles los, was dir gerade in den Sinn kommt. Du atmest entspannt einige Male ein und wieder aus.

Stelle dir einen ruhigen und entspannten Ort vor, der sich in deinem Inneren befindet. Aktiviere die Reiki-Energie, dass sie durch dich fließen und zum Wohle aller Beteiligten wirken kann. Sei der Kanal für die Reiki-Energie und fühle, wie die Reiki-Energie durch dich entspannt und kraftvoll zugleich hindurchfließt.

Visualisierungsreise & Übung

Öffne deine Augen langsam wieder und widme dich nun deiner Geldbörse. Schau sie dir an und nimm wahr, was sie in diesem Moment innerlich auslöst. Ist sie klein, groß, schmal, prall, bunt, verziert oder einfarbig? Aus was für einem Material besteht sie?

Halte deine Hände mit etwas Abstand über deine Geldbörse und versuche zu erspüren, wie sie sich anfühlt.

Öffne jetzt deine Geldbörse, schau dir an, was sich alles darin befindet. Ist es darin geordnet oder eher ungeordnet? Nimm alles aus deiner Geldbörse heraus und mache dir drei Haufen. Ein Haufen für das Geld, ein weiterer Haufen für alles Wichtige und der letzte Haufen für Unnötiges oder Müll.

Wie viel Geld hast du in deiner Geldbörse und wie viel Zeugs befand sich darin? Was überwiegt hier? Deine Geldbörse ist nun leer und der Inhalt liegt jetzt vor dir. Wie fühlt es sich an, wenn du deine Haufen und deine Geldbörse hier so betrachtest?

Nimm den Haufen mit dem Geld in deine Hände, schließe deine Augen und spüre, was es mit dir macht, wie sich der Geldhaufen anfühlt. Spüre und horch in dich hinein und nimm wahr, was dir als Erstes in den Sinn kommt. Lege dann den Geldhaufen wieder ab.

Nimm nun den Haufen mit dem Inhalt, der wichtig ist, in deine Hände und spüre auch hier in dich und schau, was dir als Erstes in den Sinn dazu kommt.

Lege den Haufen dann wieder ab und widme dich dem letzten Haufen aus deiner Geldbörse, spüre hinein und nimm wahr, was dir auch hier als Erstes in den Sinn kommt.

Lege auch diesen Haufen wieder zurück auf den Tisch. Schau dir nun alle drei Haufen an und entscheide, an welchen Haufen du jetzt noch einmal herangehen würdest, um noch einmal zu sortieren von »Wichtig« zu »Unwichtig«. Dafür hast du einen Moment Zeit.

Wenn alle Haufen okay für dich sind, gehe mit deiner Aufmerksamkeit zu deiner Geldbörse, nimm die leere Geldbörse zwischen deine Hände und schließe deine Augen. Atme bewusst und entspannt ein und aus.

Lasse dich ein, auf das, was jetzt geschehen kann. Stelle dir vor, deine Geldbörse könnte mit dir kommunizieren. Was würde sie dir als Erstes sagen wollen? Du bist der Besitzer und hältst sie oft in den Händen. Schenkst du ihr auch wirklich Beachtung? Was wünscht sie sich von dir, in Bezug auf sich selbst und dem Inhalt, den sie aufbewahrt? Horche genau hin und achte auf den oder die ersten Gedanken, die dir in den Sinn kommen.

Wenn du nichts mehr vernimmst, dann bedanke dich bei deiner Geldbörse für ihre Aussagen und sage ihr, dass du ihr in Zukunft mehr Aufmerksamkeit schenken wirst.

Nun aktiviere die Reiki-Energie und lasse die Reiki-Energie in deine Geldbörse hineinfließen. Stelle dir vor, dass deine Geldbörse von negativer oder verbrauchter Energie gereinigt wird, indem sie einfach aus deiner Geldbörse heraustropft und nach unten in Mutter Erde oder in eine imaginäre Salzwasserschüssel, und die Reiki-Energie deine Geldbörse mit Energie auflädt und füllt.

Stelle dir vor, dass deine Geldbörse auf einmal anfängt zu kribbeln und zu leuchten. Genieße das Gefühl, dass du deiner Geldbörse genau das gibst, was sie braucht. Hast du das Gefühl, es ist gut aufgeladen, öffne kurz deine Augen und lege sie zurück, um dich dem Geldhaufen zu widmen.

Nimm nun das Geld in deine Hände und schließe deine Augen. Lasse auch hier ganz bewusst die Reiki-Energie hineinfließen. Erfreue dich daran, dass es sich durch dich auflädt, dir Freude bereitet und das Geld diese Freude und Energie weiterverbreitet, wenn du es ausgibst. Diese Energie kann positiv ansteckend sein.

Stelle dir vor, du würdest wieder positiv infizierte Energie-Geldscheine in deiner Geldbörse haben, weil der Kreislauf des Geldes funktioniert. Wie würde sich das anfühlen? Das

Geld lädt sich auf, wie auch du dich durch die Reiki-Energie auflädst.

Bedanke dich bei dem Geld, dass es gerade hier bei dir ist und sage ihm, dass dir bewusst ist, dass es auf der Durchreise ist, um auch andere zu beglücken. Heiße alle »Brüder & Schwestern« des Geldes willkommen und fühle, wie leicht es ist, es loszulassen, weil Neues wiederkommt.

Öffne kurz deine Augen und lege das Geld wieder ab und widme dich dem nächsten Haufen, der wichtig ist. Nimm auch diesen in deine Hände und schließe wieder deine Augen. Spüre und horche nach innen und schau, was du wahrnimmst. Lasse auch hier die Reiki-Energie hineinfließen, damit du deine wichtigen Dinge auflädst. Stelle dir dabei vor, wenn du das ein oder andere wichtige Teilchen dann brauchst und aus deiner Geldbörse nimmst, du jedes Mal selbst etwas Reiki-Energie davon wieder aufnimmst.

Bedanke dich für ihre Wichtigkeit und Erleichterung im Leben und sage ihnen, dass sie es gut haben werden in deiner Geldbörse. Hast du das Gefühl, es ist genug Reiki-Energie geflossen, öffne deine Augen und lege auch diesen Haufen wieder ab.

Widme dich nun dem Haufen der unwichtigen Dinge aus deiner Geldbörse. Nimm auch sie in deine Hände und schließe deine Augen. Spüre hinein, wie dieser Haufen sich anfühlt, dass diese Dinge keinen Platz in deiner Geldbörse mehr brauchen. Sie bekommen nun ein letztes Mal deine Aufmerksamkeit, indem du sie ebenfalls mit der Reiki-Energie versorgst.

Lasse die Reiki-Energie hineinfließen. Diese Unwichtigen Dinge hatten ihre Zeit, als sie wichtig waren. Diese Zeit ist vorüber und du hast sie mittlerweile ignoriert, vergessen oder verdrängt, dich um sie zu kümmern, dass sie hier herauskommen. In diesem Moment bekommen sie deine volle Aufmerksamkeit der Verabschiedung und Dankbarkeit. Sie haben ihren Zweck erfüllt.

Die Reiki-Energie fließt hier hinein und du spürst mit jedem Atemzug, wie es in dir leichter wird, sie gehen zu lassen, sie zu entsorgen. Wenn du das Gefühl hast, es ist genug Reiki-Energie geflossen, öffne deine Augen und lege den Haufen wieder ab.

Nimm dir deine Geldbörse noch einmal vor und sortiere nun alles wieder ein. Versuche wahrzunehmen, mit was für einem Gefühl du es jetzt tust. Hast du alles gut an seinen Platz gebracht, nimm den unwichtigen Haufen und entsorge ihn in den Müll.

Schließe deine Augen und nimm zwischen deinen Händen wahr, wie sich deine gefüllte und aufgeladene Geldbörse jetzt anfühlt. Aktiviere die Reiki-Energie und lasse sie hineinfließen.

Deine neusortierte, leichtere und trotzdem gefüllte Geldbörse wird es dir danken. Deine Geldbörse speichert diese Reiki-Energie eine Weile lang ab, daher solltest du sie zwischendurch immer wieder mal sortieren und aufladen. Deine Geldbörse wird es dir danken, dass du ihr die Aufmerksamkeit schenkst. Erfreue dich an diesem

Gefühl in der kommenden Zeit und beobachte, wie und was sich vielleicht rund um das Thema Geld bei dir verändert.

Lege deine Geldbörse ab und konzentriere dich auf dich selbst. Lege deine Hände auf dein Herz und lasse die Reiki-Energie für dich selbst für einige Augenblicke hineinfließen.

Ausleitung

Komm mit deiner Aufmerksamkeit und mit jedem weiteren Atemzug ins Hier und Jetzt, in diesen Raum, bevor du langsam wieder deine Augen öffnest.

Mache es dir zur Aufgabe, ab und zu deiner Geldbörse die Aufmerksamkeit zu geben, die auch du gerne hättest. Hast du eine neue Geldbörse, bedanke dich immer bei der alten Geldbörse für ihre Aufgabe und Fülle. Begrüße die neue Geldbörse und lade sie gleich mit der Reiki-Energie auf.

Bring dein Geld zum Schwingen

Aufgrund von Mangel in der Geldbörse wird der Mangel von Geld oft noch verstärkt. Die Geldbörse wird immer auf wenig Geldinhalt getrimmt, aufgrund der verschiedensten Einstellungen des Menschen. Übung macht den Meister und dem Gehirn ein Schnäppchen schlagen, ist möglich. Dem Gehirn ist es egal, ob etwas wirklich oder rein in der Vorstellung passiert. Für das Gehirn gibt es nur eine Realität – das JETZT. So kannst du die nächsten Tage einfach nach Lust und Laune in deiner Vorstellung shoppen gehen und Geld ausgeben. Kannst du dir gut vorstellen, durch die Shops zu gehen, um einzukaufen? Wenn ja, wunderbar. Du kannst dir aber auch verschiedene Kataloge zur Hilfe nehmen, um jeden Tag Bestellkarten auszufüllen, diese aber nicht abzuschicken.

Visualisierungsreise »Schwingungsgeld«

Entspannungseinleitung

Nimm eine entspannte Haltung für dich ein und konzentriere dich auf deinen eigenen Atemrhythmus. Atme entspannt ein und wieder aus, ein und wieder aus. Mit jedem Atemzug sinkst du tiefer und tiefer in die Entspannung hinein.

Stimme dich nun in die Reiki-Energie ein, wie du es immer für dich durchführst. Lasse die Reiki-Energie in dich hinein und durch dich hindurchfließen.

Visualisierungsreise

In deiner Vorstellung hältst du deine Geldbörse in den Händen und lässt bewusst die Reiki-Energie in sie hineinfließen. Lasse es fließen, bis deine Geldbörse anfängt zu leuchten.

Hast du das Gefühl, es ist genug Reiki-Energie geflossen, öffne sie jetzt in deiner Vorstellung. Darin findest du alle gängigen Geldscheine und Münzen, mit denen du jetzt shoppen gehen kannst. Vertraue darauf, dass die Reiki-Energie einfach weiterfließen wird.

Stelle dir vor, du würdest eine für dich stimmige Summe von 5,00 € und 100,00 € in deiner Geldbörse finden, die du jeden Tag zur freien Verfügung hast. Für welchen Wert entscheidest du dich?

Diesen Wert wirst du jetzt die nächsten 10 Tage lang imaginär ausgeben. Du fängst heute an, mit deiner gewählten Summe einzukaufen. Was würdest du für diese Summe kaufen? Stelle es dir vor, wie du es bezahlst und es dann deins ist. Hast du alles ausgegeben, freue dich auf den nächsten Tag, wenn du wieder mit deiner gewählten Summe shoppen gehst.

So gibst du die nächsten 10 Tage die von dir gewählte Summe immer wieder neu aus. Das, was du hier in deiner Vorstellung anfängst, kannst du im realen Leben als Visualisierung jeden Tag fortsetzen. Da die Reiki-Energie deine Geldbörse gut energetisiert und aufgeladen hat, kannst du dich bei deiner Geldbörse bedanken, dass sie dich gut versorgt, für jetzt und für die Zukunft. Fühle die Freude in dir, dass du dich jeden Tag mit der Reiki-Energie verbindest, wenn du Visualisierungsshopping für dich neu entdeckst.

Ausleitung

Beende die Visualisierungsreise hier und löse den Reiki-Kanal auf, damit du dich mit vollem Bewusstsein im Hier und Jetzt wiederfindest. Spüre deinen Körper an diesem Ort und bewege ihn langsam, bevor du deine Augen wieder öffnest. Beobachte, wie sich deine Shoppingtour angefühlt hat und für was du das Geld ausgegeben hast.

Vielleicht wirst du feststellen, dass du an einen Punkt kommst, wo du nicht mehr weißt, für was du deine tägliche Summe ausgeben sollst. Und ob es wirklich wichtig wäre, was du dir gerade wünscht. Dann gebe das Geld für das aus, womit du anderen eine Freude bereiten kannst. Experimentiere damit und du wirst sehen, du bekommst vielleicht Einsichten über Geld, die du dir vorher nicht vorstellen konntest.

Nach 10 Tagen hast du dann wie viel ausgegeben?

Beispiel-Rechnung

Bei 5 € in 10 Tagen hast du ganze 50 € ausgegeben. Bei 10 € in 10 Tagen hast du ganze 100 € ausgegeben. Bei 20 € in 10 Tagen hast du ganze 200 € ausgegeben. Bei 50 € in 10 Tagen hast du ganze 500 € ausgegeben. Bei 100 € in 10 Tagen hast du dann ganze 1000 € ausgegeben.

So trainierst du eine positive Ausrichtung und Erzeugung von einem Schwingungsgleichgewicht in Bezug auf das Geld. Du fokussierst, dass du jeden Tag Geld hast, es ausgeben kannst und weiteres Geld in dein Leben fließen kann. Heiße das Geld willkommen und gebe es in Gedanken aus. Hilfreich kann sein, diese 10 Tage lang deine visuellen Ausgaben zu dokumentieren, damit du den Überblick hast, um nicht alle paar Tage in deiner Vorstellung das Gleiche zu kaufen. Du wirst bemerken, dass es nicht so einfach ist, jeden Tag immer die gleiche Summe für etwas auszugeben.

Nach den 10 Tagen ist es gut, sich selbst zu reflektieren, was es mit dir und der Einstellung zum Geld gemacht hat. Bei Gefallen weite das Experiment auf weitere Tage aus.

Reiki für die Spardose

Vielleicht bist du ein Sparfuchs und besitzt eine Spardose, ein Sparschwein oder Ähnliches. Vielleicht füllst du es zwischendurch oder auch regelmäßig mit einem bestimmten Münz-, oder Scheinwert? Machst du dir Gedanken, wofür der Inhalt deiner Spardose sein soll, oder wirfst du es eher achtlos hinein, mit dem Gedanken: Der Rest wird sich finden?

Dann lass dir gesagt sein, das Geld dankt es dir, wenn es weiß, wofür du es benutzen möchtest, auch wenn es noch etwas dauert, weil du dir vorgenommen hast, die Dose vollzumachen. Wie schon erwähnt, hat das Geld für mich Ohren. Wenn das Geld weiß, wofür es gedacht ist, wird es für dich leichter sein zielorientiert zu sparen. Das Geld kommt sich nicht so nutzlos vor, weiß wo das Ziel ist, und freut sich mit dir zusammen. Hört sich in diesem Moment zwar irgendwie irre an, ist aber möglich.

Freust du dich, deinem Ziel näher gekommen zu sein, wenn die Spardose voll ist, freut sich auch dein Geld, dir als

Wunscherfüller dienen zu können. Das ist das eine Möglichkeit von vielen, um an der Fülle und Reichtum zu arbeiten!

Visualisierungsreise »Spardosen-Reiki«

Hierfür reicht es aus, sich seine Spardose vorzustellen. Besitzt du keine, stelle dir gedanklich vor, wie eine aussehen könnte, und besorge dir später eine.

Entspannungseinleitung

Nimm eine entspannte Haltung ein und atme entspannt ein und aus, einige Male noch ein und wieder aus. Stimme dich auf die Reiki-Energie ein, wie du es gewöhnt bist. Lasse sie in dich hinein und hindurchfließen. Vertraue darauf, dass die Reiki-Energie die ganze Zeit fließen wird.

Visualisierungsreise

Stelle dir nun vor, dass du deine Spardose in deinen Händen hältst und sie dir genau anschaust. Da in einer Visualisierungsreise alles möglich ist, kannst du hier in Kommunikation mit deiner Spardose und dem Geld gehen.

Fühle, wie leicht oder schwer deine Spardose ist. Befindet sich in deiner Spardose schon Geld? Sind es Münzen, Scheine oder beides? Hast du dir Gedanken gemacht, auf was du hin sparst? Wenn ja, dann stelle dir dein Ziel noch einmal genau vor.

Hast du einfach drauflos gespart, dann wäre jetzt der richtige Zeitpunkt, dir ein Ziel zu visualisieren, damit dein Geld, womit du deine Spardose fütterst, auch weiß, wofür du es verwenden wirst.

Wende dich deiner Spardose zu, spüre sie in deinen Händen und lasse die Reiki-Energie durch deine Hände in die Spardose hineinfließen. Fülle deine Spardose mit der Reiki-Energie auf, mit dem Wissen, es hat auch noch genug Geld darin Platz.

Sprich gedanklich zu deiner Spardose, dass du dich jedes Mal daran erfreust, wenn du sie füttern wirst, bis sie so schwer, voll und prall ist, dass du das Geld schon hineindrücken musst, damit es noch ein Plätzchen darin findet. Erzähle deiner Spardose und dem Geld, was du geplant hast, mit dem Ersparten zu tun. Eine Anschaffung, eine Reise, ein Vergnügen. Egal was, aber erfreue dich jetzt schon daran, was das Ziel ist, dann freuen sich deine Spardose und das Geld ebenso darauf. Spüre, in dich hinein, wenn dein Geld jetzt hört und weiß, für was es eingesetzt werden wird.

Stelle dir vor, dass, wenn du deine Spardose mit jeder Münze oder jeden Geldschein füttern wirst, auch die Reiki-Energie aktiviert wird. So bekommt deine Spardose energetisiertes Geld. Deine Spardose wird diese Reiki-Energie und die Geld-Energie ausstrahlen und mehr Geld anziehen. So bekommst du eine neue Einstellung zu deinem Geld und die Freude bringt dich meist schnell ans Ziel.

Stelle dir vor, dass deine Spardose jetzt voll ist, und du alles mit Leichtigkeit angespart hast. Nichts passt mehr hinein und der Tag ist gekommen, wo du an dein Wunschziel kommst. Bedanke dich bei deiner Spardose für die Geduld mit dem Füttern und dafür, dass sie ihre Arbeit für diesen Wunsch   erfüllt   hat.

Ist die Spardose leicht zu öffnen, sage ihr, es gibt einen neuen Wunsch, damit ihr beide mit Freude von vorne anfangen könnt.

Ist die Spardose nur zu öffnen, indem du sie kaputt machen musst, bedanke dich bei der Spardose, dass sie jetzt ihr Leben für deinen Wunsch gibt. Die Spardose macht das gerne, da sie ihre Aufgabe kannte und sich drauf einließ.

Nimm das Geld aus der Spardose, und freu dich über deine Geduld und dein Durchhaltevermögen, das immer Geld da war, um die Spardose zu füttern, damit du deinem Wunschziel näherkommst. Wie fühlt es sich an, mit all dem Geld vor dir?

Halte deine Hände über den Haufen Geld und lasse noch etwas Reiki-Energie hineinfließen. Du hast das für dich geschafft und kannst stolz darauf sein.

Dann stelle dir deinen Wunsch vor, wie du ihn jetzt realisieren kannst mit dem Geld.

Ausleitung

Bedanke dich bei dem Geld, bei der Spardose und der Reiki-Energie. Fühle deinen Körper im Hier und jetzt, wenn du deinen Reiki-Kanal auflöst, und komme mit deinem Bewusstsein wieder ins Hier und Jetzt. Bewege deinen Körper, bevor du deine Augen langsam öffnest.

Reflektiere es für dich noch einmal und halte das Gefühl, das du dabei hattest, einen Moment aufrecht. So wird das Sparen zur Freude. Realisiere deine Wünsche und kaufe dir, wo nötig, eine neue Spardose.

Deine Aufmerksamkeit für dein Selbst

Wir leben tagtäglich mit allen möglichen Erwartungen an unser Umfeld. Sehr oft stellen wir fest, dass diese Erwartungen nicht erfüllt werden. Das macht auf Dauer unzufrieden und unglücklich. Wir haben es vielleicht nicht gelernt, dass wir für uns selbst verantwortlich sind, um uns auch selbst glücklich zu machen, und dass ohne Erwartungen, sondern bedingungslos.

Diese Reise soll eine Reise zu dir selbst sein. Ich wünsche dir viel Spaß mit deinem Selbst innerhalb dieser Visualisierungsreise. Treffe dich selbst und sei glücklich, dabei herauszufinden, dass es dich gibt, so wie du bist.

Visualisierungsreise »Ich treffe mich selbst«

Entspannungseinleitung

Setze dich entspannt hin und schließe deine Augen. Konzentriere dich auf deinen Atemrhythmus, wie du entspannt ein und wieder ausatmest, immer wieder atmest du ein und entspannt aus, ein und wieder aus, ein und wieder aus. Mit jedem Atemzug sinkst du in deine Entspannung immer tiefer hinein.

Mit jedem bewusst gemachten Atemzug versorgst du deinen physischen Körper mit genug Sauerstoff und mit jedem Ausatmen bringst du das heraus, was nicht mehr benötigt wird. Mit jedem Atemzug entspannst du immer mehr.

Du gleitest immer tiefer und tiefer in deine Entspannungsphase hinein, immer tiefer und tiefer. Du bist nun völlig entspannt, losgelöst und ruhig. Dein ganzer Körper ist locker und entspannt. Deine Gedanken ziehen mit Leichtigkeit unbeachtet an dir vorüber. Du bist völlig entspannt, in völliger Ruhe und Gelassenheit.

Aktiviere jetzt die Reiki-Energie für dich, wie du es gewohnt bist, und lasse sie in dieser Zeit einfach durch dich hindurchfließen. Vertraue darauf, dass sie die ganze Zeit fließen wird.

Visualisierungsreise

Stelle dir einen wunderbaren Ort vor, an dem du dir ein Treffen vorstellen könntest. Das könnte ein Café sein, ein Strand, im Wald auf einer Lichtung, an einem See, wo auch immer. Kreiere dir den Ort genauso, wo du ein wunderschönes Treffen dir vorstellen kannst. Male dir den Ort mit den schönsten Details aus. Alles, was dazugehört, um das Treffen genießen zu können.

Wenn du deinen wunderbaren Ort gefunden hast, ihn eingerichtet hast, setze dich, mache es dir bequem, lege dir deine Hände auf dein Herz und warte auf dein Gegenüber. Du spürst vielleicht ein wenig die innerliche

Aufregung, weil du nicht weißt, wie dein Treffen verlaufen wird. Spüre genau hin, was innerlich passiert. Was spürst du? Wo spürst du es?

»Dieses Gefühl fühlt sich an, als wenn, als ob ...?«. Spüre genau in dich hinein und du wirst es finden, das Gefühl oder die Gefühle. Fühle sie ganz deutlich und beobachte sie in dir. Dann akzeptiere diese Gefühle in dir, denn du hast sie in dir selbst ausgelöst, weil es für diesen Moment wichtig ist, gerade dieses Gefühl wahrzunehmen.

Spüre genau hin und gehe mit deiner ganzen Aufmerksamkeit in dieses Gefühl hinein. Wenn das Gefühl ein Symbol wäre, welches Symbol würde dann auftauchen? Was verbindest du mit diesem Gefühl?

Mit deinem nächsten Atemzug atmest du bewusst dieses Gefühlssymbol in dein Herz hinein. Hier in deinem Herzen ist ein kleiner Raum, ein kleiner Hohlraum, eine kleine Herzhöhle, dein ganz persönlicher und spiritueller Raum in deinem Herzzentrum. Bringe dieses Gefühlssymbol genau in diese Herzenshöhle und lege sie liebevoll dort ab, zu den schon vorhandenen Gefühlen. Dieses Gefühl gehört zu dir und deinem Leben. Alle Gefühle gehören dir. Sie sind wie deine Schatzkiste.

Spüre nun hinein, wie es sich gerade in diesem Moment in deinem Herzen anfühlt. Begrüße das, was du jetzt fühlst, und bedanke dich bei deinen Gefühlen, dass sie ihren Job gut gemacht haben und es weiter tun werden. Auch, dass du sie gerne in deinem Herzen aufnimmst, weil sie ein Teil von dir sind.

Nachdem du all diese Gefühle in deine Herzenshöhle integriert hast, gehe mit deiner Aufmerksamkeit wieder nach Außen, an deinen selbst kreierten wunderbaren Ort, und schau dich um.

Du genießt deine selbstgeschaffene Umgebung für einen Augenblick und bemerkst in der Ferne jemanden, der auf dich zukommt. Beobachte genau, was du siehst, und du wirst feststellen, je näher die Person auf dich zukommt, desto mehr kommt sie dir bekannt vor. Sie ähnelt dir immer mehr und mehr, je mehr du erkennst.

Was ist das Erste, was dir auffällt an der Person, die dir so sehr ähnelt? Was lösen die Gedanken und Gefühle in deinem Kopf aus? Wie ist der Körperbau, der Gang, das Aussehen, die Ausstrahlung? Wie wirkt das alles auf dich?

Die Person steht dir gleich gegenüber und du siehst, dass es dein eigenes Selbst ist. Das bist auch du! Hier triffst du dich mit dir selbst. Begrüße nun dein Selbst und beobachte, was geschieht. Lade dein Selbst ein, sich an dem Ort niederzulassen, den du für euch beide kreiert hast. Was geht gerade in dir vor?

Sprich nun in Gedanken mit deinem Selbst. Dein Selbst wird dich verstehen, denn ihr beide seid EINS. Sprich das aus, was du fühlst, wenn du dein Selbst siehst, was es mit dir macht, wenn du das fühlst. Frage dein Selbst: Wie es ihm selbst dabei geht? Was fühlt dein Selbst? Welche Gedanken laufen zwischen euch hin und her?

Da ihr miteinander verbunden seid, kannst du alles wahrnehmen. Spüre genau hinein. Das, was dein Selbst fühlt und denkt, fühlst und denkst auch du. Erinnere dich an deine Herzenshöhle, wo du schon liebevoll etwas integriert hast. Die Gefühle, die ihr beide hier in diesem Moment fühlt, sind es genauso wert, integriert zu werden.

Atme nun mit deinen nächsten Atemzügen diese Gefühle, egal wie sie sich anfühlen, in deine Herzenshöhle hinein, dort darfst du sie integrieren, da sie zu dir gehören. Nimm alles in dich auf und verspüre, wie gut es dir und deinem Selbst dabei geht.

Das, was du mit deiner Aufmerksamkeit tust, tut auch dein Selbst. Beobachte dich und dein Selbst, denn ihr seid EINS. Sprich gedanklich: »Ich integriere alle Gefühle, die zu mir gehören, liebevoll in meine Herzenshöhle«.

Beobachte dein Selbst, was es tut.

Nun entspannt ihr beide wieder mit jedem Atemzug und kommt mit eurer Aufmerksamkeit wieder zu dem wunderbaren Ort hier, an dem ihr euch befindet. Genießt die fließende Reiki-Energie hier, denn sie ist für euch spürbar. Genieße dein Treffen und das Verschmelzen mit deinem Selbst hier.

Stelle dir nun eine Lichtröhre vor, indem du und dein Selbst sich befinden und lasst das Licht darin leuchten. Lasse es immer heller werden, bis du das Gefühl hast, das Licht ist so hell, dass du dein Selbst nicht mehr sehen kannst. Immer heller und heller wird es.

Lichtvolle und als prickelnde Energie strömt es durch euch, bis in die kleinste Zelle in euch. Jede Zelle leuchtet jetzt von innen heraus nach Außen, durch jede Pore eurer Haut und weiter in die Umgebung hinaus.

Du verspürst in diesem Licht das Prickeln und eine Welle der Reiki-Energie und Liebe, die euch durchdringt. Dieses Gefühl hat auch dein Selbst mit in dich hineingebracht. Diese Liebe ist deine Selbstliebe. Ihr seid zur Einheit geworden. Du bist auch das Selbst, mit allem, was dazugehört. Wie fühlt sich das für dich an? Wo in dir genau spürst du es?

Nimm diese Welle von der Reiki-Energie und der Liebe in dich bewusst auf. Bringe es mit dem nächsten Atemzug in deine Herzenshöhle und genieße alles, was dort schon integriert ist. Das bist du und du bist alles. Du bist das Licht, du bist die Liebe schon von Natur aus. Genieße das Gefühl noch einen Augenblick hier in dieser Lichtröhre.

Ausleitung

Langsam löst sich nun deine Lichtröhre wieder auf und es wird lichter und lichter. Du kannst immer besser deine Umgebung wieder wahrnehmen, die du dir zu Anfang kreiert hast.

Spüre noch einmal in dich hinein und nimm wahr, wie du vollkommen mit deinem Selbst im Hier und Jetzt verbunden und angekommen bist.

Heiße dein Selbst in dir willkommen mit deinen eigenen Gedanken und Gefühlen. Du hast die Zeit hier mit dir selbst sehr genießen können. Da du dein Selbst in dich eingeladen hast und ihr zur Einheit geworden seid, wird es sich vielleicht in dir intensiver anfühlen, für das, was du in nächster Zeit alles erlebst. Beobachte es, ohne zu bewerten.

Langsam kommst du mit deiner Aufmerksamkeit hier in diesen Raum zurück. Du spürst deinen Körper, deine Gliedmaßen und nimmst bewusst deine Atmung wahr. Du bist vollkommen angekommen hier und wenn du dich bereit fühlst, öffne langsam wieder deine Augen und spüre noch etwas nach.

Energetische Reinigung mit Reiki

Wir schreiben das Jahr 2020, der Frühling offenbart uns weltweit eine Herausforderung der besonderen Art. Der CORONA-Virus Covid-19 hält seit Monaten die Menschheit mehr oder weniger in Atem. Jeder Mensch sammelt seine eigenen Erfahrungen mit dem Virus und den Pandemie-Vorschriften. Daher möchte ich das auch gar nicht näher bewerten. Diese und ähnliche Erfahrungen können z. B. Ängste, Hilflosigkeit, Wut und Weiteres auslösen. Keiner weiß, was gut für einen ist oder was nicht. Da ist der Verstand, der das Seinige macht und das Körpergefühl, was einen etwas anderes versucht, fühlen zu lassen. Was ist nun richtig, was falsch?

In Krisen werden viele kreativ, entwickeln sich in neue Richtungen, um etwas zu bewirken. Und ich nutze die Zeit, um hier zu sitzen, an diesen Zeilen. So kam mir die folgende Idee in den Sinn, eine Visualisierungsreise dazu zu schreiben. Impulse und Ideen, wollen gelebt werden. Auch wenn es nur zur Beruhigung beitragen könnte, wird es sein Gutes haben, um bei sich selbst zu bleiben. Da ich im Moment, aufgrund des »Shutdown«, keine Gruppenerfahrungen mit dieser Meditation machen kann, vertraue ich meinem Impuls, frei nach dem Motto: »Was raus will, kommt auch raus«. Angst sollte da keinen Platz bekommen, da er im schlimmsten Fall zur Schockstarre führen kann, statt lösungsorientiert, eigenverantwortlich zu denken und zu handeln.

Der Mensch muss sich mit vielen nicht sichtbaren Dingen auseinandersetzen, ohne das es einem bewusst ist. Meist zeigen sich die Reaktionen erst später. Wir wissen, dass aus der Steckdose Energie, bekannt als Strom, kommt. Sehen wir sie? Nein. Stecken wir aber den Finger hinein, kann sie es uns spüren lassen, was in ihr steckt. Der Mensch lässt sich auch freiwillig energetisch aussaugen, ohne dass er es gleich merkt, sondern was sich erst viel später an körperlichen Reaktionen zeigen kann.

So ist klar, es gibt sehr viel, was uns dazu bringt sich z. B. ausgelaugt, angespannt, gestresst und vieles mehr zu fühlen. Wie laden wir uns dann wieder auf, damit der Körper wieder genug Energie hat? Verschiedene

Energiemethoden, Sport und Ähnliches tragen schon dazu bei, sich besser zu fühlen. Hier biete ich eine energetische Reinigung als Visualisierungsreise an.

Visualisierungsreise »Energetische Reinigung«

Entspannungseinleitung

Nimm eine für dich entspannte Haltung ein. Konzentriere dich auf deinen eigenen Atemrhythmus. Das entspannte, ruhige Ein- und Ausatmen, bringt dich immer leichter und tiefer in den Entspannungszustand hinein. Entspannt atmest du ein und wieder aus, ein und wieder aus, ein und wieder aus. Immer tiefer gehst du in deine Entspannung hinein.

Aktiviere jetzt die Reiki-Energie für dich, wie du es gewohnt bist, und lasse sie in dieser Zeit einfach durch dich hindurchfließen. Vertraue darauf, dass sie die ganze Zeit fließen wird.

Visualisierungsreise

Spüre deinen Körper, wie er sich in diesem Moment fühlt. Ist es eher angenehm oder unangenehm, sind es nur einige bestimmte Stellen am Körper, die sich in deinem Zustand bemerkbar machen? Dann akzeptiere diesen Zustand, wie er sich gerade zeigt und anfühlt, denn du bist jetzt auf dem Weg, dich darum zu kümmern, dass es ihm besser geht.

Vielleicht fühlst du dich gesund, bist auch gesund oder dir ist bewusst, dass in deinem Inneren etwas rumort, was du nicht möchtest. Dann sei jetzt deine eigene Heilquelle, für das, was nicht zu dir gehört oder sich erst gar nicht breitmachen sollte.

Gehe mit deiner Aufmerksamkeit an einen Ort, der aus purer Natur besteht. Schau, was sich dir vor deinem geistigen Auge offenbart. Sind es Wiesen, Bäume, Felder, Berge, Seen, Hügel, Wasser, Strände, egal, was sich dir zeigt, genau hier bist du richtig. An diesem Ort fühlst du dich Eins mit der Umgebung. Du schaust dich um, es ist Keiner außer dir hier an diesem Ort, du bist ganz allein.

In der Ferne siehst du ein wunderschönes Gebäude, was dich magisch anzieht. Mit jedem Schritt, den du auf dieses Gebäude zugehst, erkennst du mehr und mehr davon. Schau, wie das Gebäude auf dich wirkt, was es ausstrahlt, was sich in dir regt, mit jedem Schritt, den du darauf zuläufst. Wie bahnst du dir den Weg dahin? Gibt es einen Weg, einen Trampelpfad, musst du dir durch Gestrüpp den Weg bahnen?

Du siehst jetzt das Gebäude in seiner vollen Größe und du verspürst ein angenehmes inneres Kribbeln in deinem Körper, wie ein Magnet spürst du das leichte angenehme Ziehen in Richtung dieses wunderschönen Gebäudes. Du gibst dich diesem Gefühl hin, weil dir das angenehme Kribbeln im Körper, sehr guttut. Langsam verspürst du innerliche Freude, ohne zu wissen warum. Sei dir sicher, deine Seele weiß genau warum. Vertraue dir und deiner Seele und lasse dich leiten.

Du gehst durch eine Pforte, Tür, Durchgang, was auch immer sich dir zeigt, hindurch, fast wie in freudiger Trance. Was nimmst du wahr? Wie siehst du das Innere hier?

In der Mitte steht ein gläsernes rechteckiges langes Gefäß, das ein wundervolles Licht absondert. Du verspürst den Drang, näher ran zu gehen, da du das Gefühl hast, das Licht ist das Band, was dich magisch anzieht. Voller

Vertrauen gehst du darauf zu und bemerkst, wie das Licht immer mehr zu pulsieren anfängt und noch heller leuchtet.

Du stehst jetzt vor dem großen gläsernen Gefäß und spürst, wie eine innere Stimme dich liebevoll auffordert, dich hinein zulegen. Du passt mit deiner Körpergröße lässig hinein. Du kannst gar nicht anders, als deinem Gefühl zu trauen und dich dort hineinzulegen.

Als du dich in dieses lichtdurchflutete Gefäß begibst, spürst du mit jedem Eintauchen mehr und mehr, was dieses Licht mit dir und deinem Körper macht. Du legst dich der Länge nach auf den Rücken dort hinein, so dass du vollständig mit dem leuchteneden Licht bedeckt bist.

Du spürst, dass du weiterhin entspannt atmen kannst in diesem Lichtgefäß. Du schließt deine Augen und lässt dich auf diese Lichtprozedur ein. Lege dir deine Hände auf deinen Bauch. Sei dir bewusst, dass die aktivierte Reiki-Energie ebenfalls hier mitfließen wird, wie von selbst.

Die Reiki-Energie und dieses wunderbare Licht durchdringt mit einer Leichtigkeit deine äußere Hautschicht durch alle

Poren deines Körpers, ganz sanft. Du verspürst immer mehr, dieses Kribbeln auf und in deinem Körper. Mit deiner Aufmerksamkeit verfolgst du das Gefühl, wo sich dieses Licht in deinem Körper seinen Weg bahnt.

Als Erstes verspürst du es in deinem Bauchraum. Hier macht es sich breit und vollzieht seine Arbeit, in dem es alles, was nicht in deinem Körper gehört, auflöst. Wie kleine Lichtblitze platzen sie auf und verschwinden im Nichts. Gleichzeitig füllt sich dein Bauchraum mit Licht, das die Heilenergien aufrecht erhalten soll. Du spürst vielleicht ein Gurgeln, Gluckern oder Ähnliches.

Dein Darm wird zur leuchtenden Energieschlange in deinem Körper und reinigt sich, wie von selbst, damit dein Immunsystem gestärkt werden kann. Es muss sich erst selbst heilen, bevor es mit Heilung für deinen Körper fortfahren kann. Das Licht dringt weiter zu deinen Hüften, deinen Beinen und Füßen und durchflutet auch hier alles, um die energetische Reinigung einzuleiten.

Gehe mit deiner Aufmerksamkeit nun zu deinem Herzen. Auch hier spürst du das Licht, wie es sich breitmacht. Dein Herz wird jetzt ebenso gereinigt und geflutet mit dem heilvollen Licht. Sollte hier etwas sitzen, was nicht hingehört, wird es nun aufgelöst.

Von deinem Herzen aus weitet sich das Licht auch zum Rückenbereich, Hals und Kopf aus, wie auch allen Organen, Muskeln und vor allem in all deine Zellen aus.

Das Licht durchflutet deinen gesamten Körper. Du bist voller Licht und heilender Lichtenergie. Nimm wahr, was für eine Farbe dieses Licht hat. Du und das Licht seid Eins.

Dein inneres Kribbeln lässt dich deinen Körper so fühlen, als wenn er sich kurz davor befände, sich aufzulösen, um sich dann auch gleich wieder neu zusammenzufügen, aus all den Billionen von Lichtpartikeln. Vertraue dem Prozess, dich hier zu erneuern.

Das Licht hat alles aufgelöst, was nicht mehr zu dir gehört und dich mit dem aufgefüllt, was du brauchst, um gesund und vital zu sein. Nach dem kurzen Auflösungsprozess, spüre jetzt wieder ganz bewusst in deinen Körper. Wie fühlt er sich in diesem Moment an?

Gehe systematisch von oben nach unten durch deinen Körper und spüre in dich hinein. Vielleicht spürst du mehr Kraft und Leichtigkeit. Dann sei dankbar, dafür, dass du dich hast hierher leiten lassen, um dir und deinen Körper das zu gönnen. Alles zu deinem Wohle.

Du liegst hier in diesem Glasgefäß und bedankst dich mental bei diesem Licht, diesem wunderbaren Ort, das er sich dir gezeigt hat und für dich da war und jederzeit sein wird. Denn du kannst zu jeder Zeit die Möglichkeit wahrnehmen, dich an diesen Ort zu begeben, um dich dieser wundervollen Lichtprozedur zu unterziehen.

Steige nun langsam aus dem Glasgefäß heraus und nimm wahr, wie du dich fühlst und was sich verändert hat.

Schau noch einmal in das Glasgefäß, um zu sehen, wie die Lichtenergie darin aussieht. Hat sie sich verändert oder sieht sie noch genauso aus, wie zu Beginn?

Atme tief ein und aus und begebe dich auf den Rückweg. Mit jedem Schritt kommst du gestärkter, lichtvoller, gesünder und vitaler ins Hier und Jetzt zurück. Das Licht wird noch eine Weile in deinem Körper nacharbeiten und du kannst beobachten, was sich in nächsten Zeit so zeigt. Lass dich überraschen.

Ausleitung

Verlasse nun diesen wunderschönen Ort, den du dir hier geschaffen hast, und komme auf den gleichen Weg wieder zurück, wie du her gekommen bist. Bist du am Tor, der Tür oder dem Durchgang angekommen, gehe hindurch und sei dir deines Körpers wieder bewusst, dass er sich wieder im Hier und Jetzt befindet. Du spürst deinen Körper, kannst ihn langsam wieder bewegen. Atme dreimal tief durch, bevor du deine Augen langsam wieder öffnest.

Mache dir gegebenenfalls Notizen in den nächsten Tagen, um deinen Veränderungen besser nachvollziehen zu können.

Dank & Schlusswort

Ich hoffe für dich, dass dir diese Reiki-Visualisierungsreisen und Übungen gefallen haben. Vielleicht inspiriert es dich selbst zu eigenen Ideen, wo die Reiki-Energie mit einbezogen werden kann. Manchmal sind es die einfachen Dinge aus dem Alltag, die wir miteinander verbinden können.

Falls du diese Reiki-Visualisierungsreisen für dich selbst durchführen möchtest, ist es hilfreich, sie vorher vielleicht selbst aufzunehmen. Vielleicht hast du auch eine Person, die dir hilft und sie dir vorliest.

Arbeitest du als Gruppenleiter/in, werden die Teilnehmer/innen es dir danken, dass du sie durch die Reiki- Visualisierungsreisen leitest. Hast du Fragen, kannst du gerne mit dem „Im-Haus des Lichts" Kontakt aufnehmen.

Ich möchte allen meinen Reiki-Gruppenteilnehmer/innen danken für das Vertrauen und das Umsetzen der Reiki-

Visualisierungsreisen und Übungen. Auch wenn wir durch das Probieren nicht wussten, was es auslöst oder wie es wirken wird, hat es immer zum Wohle aller Beteiligten in uns gearbeitet.

Ich möchte mich bei C. D. für das Korrekturlesen und die Anmerkungen recht herzlich bedanken. Sie waren sehr hilfreich, dass ich durchgehalten habe, mich in Geduld üben durfte, bis die letzte Zeile wirklich fertig geschrieben ist.

Danke für die Zeit, die du dir hier genommen hast, dieses Buch zu lesen und vielleicht gerne damit zu arbeiten.

Simone Böttcher

Literaturverzeichnis

Böttcher, Simone: KAHI-SI & die Herz-Heil-Energie, Das Universum kennt kein Timing, Tredition, 2018

Heider-Rauter, Barbara: Die Kraft der liegenden Acht, Mit der Lemniskate zu unendlicher Harmonie, Schirner Verlag, 2016

Rick, Hannah: Mit dem Geld erfolgreich umgehen, die Geheimnisse der Geldenergie, Königsfurth Urania, 2008